字旅憶相逢

香港文化人專訪

馮珍今　著

劉 小東

謝 君豪

王 菀之

唐 世璋

岑 偉宗

何 培斌

岑 智明

區 聞海

陳 龍生

馮 永基

潘 燦良

伍 宇烈

| 序

　　馮珍今「字旅相逢」系列至今已出版到第四本。猶記
得第一本副題稱作「香港文化人訪談錄」，有幸被選為訪談
對象，我們暢談了整個下午，頗有「相逢恨晚」之感。後
來再讀她的文化人訪談續集、三集，發覺她有着引導對方
侃侃而談數個小時不倦的能力。這敢情由於她對文化藝術
的涉獵寬廣，訪談前準備充分，而在現場能製造和諧良好
的氣氛讓對方可以暢所欲言。

　　若以拍電影相比，因着題材和角色人物的限制，加上
許勝不許敗的心理壓力，拍續集總是困難好多。然而《字
旅憶相逢》她寫得興致勃勃，我看得情味盎然，毫不覺得
有重覆套路。可見與文化藝術有關的題材人物多的是，只
爭在如何寫得有意義又有可讀性。平時我們看到的人物訪
問大都是浮光掠影，或是就一兩個議題「追擊」，只求爭取
賣點。與此相對，珍今的訪談有如新知偶遇、或舊友重逢
般談得興奮、談個痛快；或採取全知俯瞰，或經由主觀透

視，把受訪人物活現起來。如此誠心為人物造像的報道，自然會引起閱讀興趣，也讓更多的文化人樂意接受詳訪。

　　「字旅相逢」系列訪談這一集已包括了一些建築師、天文學家、設計師，專業範圍擴闊了，日後亦不妨嘗試把訪談伸向有專長成就的不同階層人物。今時今日，我們需要更多看後令人奮發的「香港人的故事」。

羅卡

甲辰年春日

目錄

本書編排以訪問先後為序

醫以載道
文以濟世

區聞海

區聞海，原名區結成，醫生、前醫療管理人、生命倫理學者。美國布朗大學醫學院畢業，回港後服務公共醫療，曾任九龍醫院行政總監、醫院管理局質素及安全總監等職。2017 年加入香港中文大學生命倫理學中心。工餘從事人文寫作，出版書籍包括《生命倫理的四季大廈》、《有詩的時候》、《醫院筆記：時代與人》及醫事散文集。

踏入 2022 年，偶閱《明報》副刊，區聞海醫生的專欄「明明如月」赫然入目……「再來時，自己走了十年人生路，香港經歷了多少急風驟雨？」復出的首篇〈再來時〉，他如此剖白。

區醫生是位專欄作家，曾出版多本醫事散文，還有其他的著作。仍記得，他以前的欄名是「大夫小記」，已停寫多年，想不到如今又再執筆。「明明如月」出自曹操〈短歌行〉，「明明如月，何時可掇？憂從中來，不可斷絕。」區大夫真是性情中人！

第五波疫情像巨浪滔天般洶湧襲來，面對病毒，人人難免「猶兮若畏四鄰」，區醫生在報章上發表的文章，也多涉及他對疫症的看法……至 3 月初，閱〈模模糊糊退休〉，始知他第二次退休在即。

就在這瞬間，我決定訪問區醫生，幸得好友之助，輾轉聯絡到他。他很爽快，當下便答應了邀約。

那一陣子，疫情嚴峻，每天的確診數字，高達幾萬宗，大家只能透過視像見面、傾談。我們約好日期、時間，便透過 Zoom，進行線上訪談，從他求學時代的心路歷程聊起，談到醫院、醫管局的工作，說得更多的——是當前的問題，他對香港疫情的看法，突顯了他對生命倫理的關注。

花果飄零，靈根自植

區聞海原名區結成，早年居於荃灣區，在大窩口的小學念書，中學時入讀喇沙書院。那些年，中學分文理科，「從中三升上中四，選讀理科，多少由成績決定。」成績好的學生，一般都被編入理科班，喇沙書院亦如是。

一直以來，他不喜歡純科技的東西，亦不太喜歡機器，故此，讀預科時，他選讀生物科。香港高級程度會考後，他估計自己的成績，大抵也能入讀醫學院。另一方面，他亦嘗試申請外國的大學。

區聞海家中有八兄弟姊妹，他排行第五，有四位姐姐。父親在荃灣開一間小店，做點小生意，家境不太好，「大姊是當年的文青，成績非常優異，可以升讀大學，但她選讀師範學院，畢業後當教師，幫補家計。」他念中學時，在書架上找到姐姐的藏書，開始閱讀余光中的散文、新詩，白先勇的小說。

當時，擺在他眼前的，有兩個選擇，一是進入香港大學讀醫科，另一就是往外國升學。「到外國念書，學費比較昂貴，雖然有獎學金，但也感到吃力，家人對我一個人在

外地，亦有點擔心。」

　　然而，年輕的他，卻渴望往外闖，藉以增廣見聞。「我選擇跑到外面的世界去，決定到美國布朗大學（Brown University）升學，主要是想接受博雅教育，不想太快便跳到醫科這個專業。」

　　「第一年是蜜月期，可修讀人類學、社會學，甚至哲學……除了大開眼界，亦可以多結交一些美國同學。」過了兩三年，他對美國社會的新鮮感已淡出，開始思考不同文化、不同價值觀的社會異同，探索當中是否有矛盾衝突之處。

　　他坦言，往外國念書，要面對文化的轉變。那時，他看的課外書，大多是中文的，「也許，有一點思鄉情緒，同時，我亦想『尋根』。那是火紅的年代，縱使不談政治，也會引發很多文化上的思考。」他多閱讀一些論及中西文化異同的書籍，例如方東美、唐君毅、牟宗三等新儒家的著作，還有其他有關文化的著作。

　　閱讀之餘，加上個人的經歷，對不同的文化或價值觀，有比較深入的體會，他開始思考身份認同的問題，也開始考慮切身的問題，「進了醫學院，完成了七年的醫學課程後，將來會走哪一條路？」

｜ 區聞海於 2019 年重訪布朗大學，攝於人文圖書館
Rockerfeller Library 前。

回港行醫，得償素願

「到美國後，我反而多寫了中文。」區聞海在美國時，曾投稿香港的雜誌，如《明報月刊》，因此認識了胡菊人先生，「胡先生扶掖後進，不遺餘力，對我們這些『文青』，他亦師亦友，不時予以提點。我跟他偶有書信往還，像筆友一樣。」

在大學時，雖然在西方的社會念書；但他亦開展了一個與中國文化聯繫的空間。人在美國，反而更認同中國文

化。結果，取得醫學博士學位後，他決定回香港發展。

「如果留在美國，可以想像到自己的路……生活比較安穩，先找到專科的培訓職位、取得工作簽證，然後取得綠卡、入籍美國，接着成家立室，養育下一代。」

一般人的選擇，大多留在美國找工作，待取得專業資格後，才考慮是否回港，但他也想到，「一旦安頓下來，很少會走回頭路，如果要回港發展，必須及早抉擇，所以作了一個比較衝動的決定。」

香港不承認美國的醫科資格，選擇回港，要重新考試、實習，而且當時還未有專業資格，回到香港後，可能

書架上區聞海的著作，以及 1981 的畢業照。（攝於 2018 年）

會陷入半失業的狀態。

「在美國時，我曾投稿到港大醫學院的中文刊物《啟思》，大概是喜歡文藝的醫科生搞出來的。」因為投稿，認識了生化系的黃志超博士，一位擁有文人色彩的老師。「當他知道我回港發展後，便主動為我留意助教的職位空缺，讓我回來後不用投閒置散。」朋友的關顧，令他滿懷感激。

他回港前幾個月，正值越南難民潮，香港啟德難民營的紅十字會醫療中心，想聘請一位懂廣東話的醫生，但因為薪酬只有一半，較難請到合適的本地人。

他寫信申請這個職位，結果被錄取，「我回港後第一份工作，就在這個醫療中心當醫生。這對我來說，可說是天賜良機，因為我在美國時，也動過念頭，期望到泰國邊境的越南難民營，做國際救援醫生。」醫學院的副院長，力勸他要考慮清楚，因為他只是個醫學生，缺乏臨床經驗。故此，啟德難民營的工作，總算讓他一償素願。

1982 年回到香港後，區聞海在「佛教法住學會」讀了一個碩士課程，研究東晉慧遠——淨土宗的創始人。這篇碩士論文，後來被韋政通教授編入《中國哲學家叢書》。

他讀得很投入，也很認真。「如果我不念醫科，最想讀的就是思想史。霍韜晦先生曾說，可介紹我到新亞研究

所，跟隨徐復觀教授研習思想史。可惜我回港前，徐教授已離世，就這樣，跟新亞研究所擦身而過，好遺憾。」後來他也曾到研究所，拜訪牟宗三先生。

他努力不懈，開展自己的人生路，「那幾年的過渡期，非常順利，滿足了我想學習中國文化思想的心願。那是一種發自內心的摸索，而非一些外在的人生規劃。」

| 1983 年攝於啟德越南難民營紅十字會醫療中心，右三為區聞海。

科學知識，人文關懷

1983年，區聞海在香港通過醫科考試，然後實習一年半，至1985年初，正式進入政府醫院工作。他先在九龍醫院的「精神科」當醫生，其實，他最心儀的是「老人科」。不過，他強調，「我也喜歡做精神科醫生，因為治病，除了開藥，與病人溝通，也很重要。我雖然剛剛畢業，但也積累了點人生經歷，嘗過一點甘苦，對於生命，亦有一些個人的想法。」

他不諱言：「對於精神科專門的東西，我懂得不多，但憑着這些經驗和想法，可以輔導、開解病人，也較易跟他們的家人溝通，幫到他們。」

醫學既是科學又是藝術的說法，好像已成陳腔濫調。多年來，區聞海仍在不斷思考一個問題，那就是「醫學與人文學科，是『分』，抑或是『合』？」醫生需要具備邏輯思維、科學知識，最好還加上「仁心仁術」的人文情操……還是，醫學本身已內蘊人文關懷成分，二者並不是分開的。

「醫生在治病之餘，還要關心病人的生活，醫病與患病本身不是純科學的經驗。」他指出，以這幾年的疫情為例，

大家可以看到，確診、隔離……箇中困難、辛苦的經歷，並非純粹是醫學問題。

「這並不是因為我念佛學，能勘破生死，而是我覺得，醫病不單純是科學，而是要面對一個人。」區聞海認為老人家患上心臟病或高血壓，不能單靠藥物治療，患病往往是一個經驗或經歷，不單是「器官」問題，而是涉及「人」的問題。

「說得具體一點，香港的疫情持續蔓延，老人家卻拒絕『打針』，醫學界將它簡化成一個科學問題，不斷重申『現時已有很多科學證據，證明疫苗是安全的，可以保障人的性命』。甚至有人覺得他們很自私，不為社會着想。可是，為何老人家不相信這些證據，仍然不肯『打針』？為甚麼他們如此頑固？」他拋出連串問題。

他一再強調，「我們要有寬廣的視野，用人文的方式去看問題，不能將它簡化，找出純科學的答案。如果能了解老人家多一點，你就會知道『打針』的背後，有很多『人』的觀念在內。」

區聞海又指出，一般來說，香港的院舍環境不太理想，雖然可能有很好的員工去照顧老人家，但生活質素如何，大家有目共睹。抗疫已超過兩年，仿似作戰一樣。他

輕輕地嘆了一口氣，接着說：「我們一直只關心數字，有多少人未『打針』？百分比是多少？但長者的生活質素，有人關心嗎？八九十歲的老人家，自然壽命還有多長？他們已躺在院舍好幾年，而且被困了兩年，在這段期間，還不准家人子女孫兒探訪……」

「教育長者，讓他們知道『打針』的重要性，但長者感受不到真正的關心。『打針』可以減少百分之九十的死亡率，可讓大家多活幾年，這對他們來說，有甚麼意義？他們還有甚麼人生希望？純粹講科學數據，是沒有意義的。」他語重心長地說。

誠則明矣，明則誠矣

區聞海一直在思考醫療的本質究竟是甚麼，「醫病救人是為了甚麼？人會病、也會老，我們不能抽象地思考『生老病死』的問題，對於疾病，也不能單靠工具進行治療。人生的最後階段，亦不能簡化為生物學的問題。」

他提到新亞書院，以「誠明」為校訓，所謂「誠則明

矣，明則誠矣」，二者不能分開。「人文關懷並非可有可無，對心靈的關顧，其實很重要。我們要了解病人對疾病的恐懼，以及對健康人生的嚮往。」他極其盼望，人們能夠完整地看待一個生命。

對很多人來說，這兩年的經歷是非常困難的，大家都配合政府的措施，刻苦抗疫。「在這個過程中，對於抗疫，可有一個比較人性化的論述？我們正在打一場怎樣的仗，得到了甚麼？」一籃子的問題，惹人深思。

「總之，我們每天都要服從規矩而行。這些規矩，據說是參照疫情數據而設定的，也有科學的支持，普通人無法跟專家爭辯。大家只能隨着官方的說法，從而調適自己的生活，循着醫學邏輯而行。如果『新冠』像『沙士』般六個月完結，問題可能不大，但已經歷了兩三年，而且還沒完沒了……」他認為，必須要將抗疫聯同生活的意義一併思考，否則，就永遠處於「驚弓之鳥」的狀態，因為疫情可能會再爆發。

「不單只是老人家，年輕人也如是，對於人生價值，他們該如何思考？如何探索？除了社交不斷隔離之外，大家還可以做甚麼？」也許，處於非常時期，不可能奢談這些問題，但區聞海覺得，無論如何，面對這些問題，總需要

有個想法。

他搖頭苦笑，繼續說：「3月初，染疫的確診數字，升到七萬宗後回落，相信已經差不多『見頂』，是否可以開始思考一下，社會如何重返正常的生活，但每天仍然聽到『不可掉以輕心』的訊息，因為疫情隨時反彈……我們彷彿永遠被綑綁着。」

他指出，不少市民已經注射疫苗，亦有人估計，香港已有超過一百五十萬人染疫，康復後就有抗體。「社會是否可以逐步開放？為何每天仍緊緊盯着數字，不斷地擔心？這涉及我們如何看待人與疫症、人與疾病的關係。」他反覆地說，這絕非純科學問題。如果學者專家，未能意識到其重要性，就會永遠被困於純醫學技術的思維中。

人力資源，質素安全

談及個人的發展，區聞海說：「我還未在九龍醫院晉升顧問醫生之前，念了一個醫學行政碩士的遙距課程，由澳洲新南威爾士大學（University of New South Wales）開辦。」

當時，香港很需要醫學管理方面的人才，開辦這個課程的目的，是為了醫管局的成立。「當時的同學，有很多『猛人』，例如高永文、何兆煒醫生等。我只是個小人物，純粹為興趣而修讀。」他認為醫學管理與整個醫療系統關係密切，故此對於一些比較宏觀的，關於醫療管理方面的專業知識，深感興趣。這個機緣，又為他開啟了一扇門，讓他在醫管局的工作，逐步轉往管理層。

在 2010 年，他被調往醫管局做人力資源總監。由於當時的管理層與前線工作者之間存在矛盾，例如屯門醫院有醫生醞釀工業行動，護士也有很多怨言，流失率亦相當高。

「那時，在總部做人力資源的主管是澳洲人，他沒續約，返回澳洲定居。」區聞海當年已是九龍醫院的院長，工作得很開心，也想做到退休為止，從沒想過調職。

事隔多年，他仍然記得，剛從美國渡假回港，便接到醫管局主席胡定旭的電話，「他說想見見我，於是我上了總部，與他談了半個小時。他說希望我可以兼做人力資源（HR）主管，大約是三至六個月，待醫管局有足夠時間聘請一位全職的專業人才。」結果，他走馬上任，兼任院長與 HR 主管的職位，「我一上班，便開始救火，梳理前線員工的情緒，處理管理層與前線之間的問題。」

「我覺得義不容辭，當醫院院長之時，對於人力資源，也略懂一二，但不算專業，所以邊學邊做，亦學會了不少。當上 HR 主管後，對醫管局的問題，例如醫療制度、醫院員工等問題，也有較為通盤的了解，這是一個非常特別的經驗。」如此這般，他一直在總部工作下去。

至 2014 年，區聞海出任醫管局質素及安全總監。「這一次，也是臨危授命，因為那位同事，想重返原來的崗位，不想再做領導行政的工作。」

驀然回首，「上天眷顧，我的人生中，遇上好幾次轉折，雖然有點辛苦，但也有所得着。在人生不同階段，我有機會可以學習，並作出新的嘗試，實在非常感恩。」人生於世，能夠學到老、做到老，也是一種福份。

醫學倫理，閱讀札記

2016 年底，區聞海在醫管局退休後，於 2017 年 3 月加入香港中文大學，擔任生命倫理學中心總監，積極推動大眾關注生命倫理的議題。

五年後的今天，他再度退休，但仍會在中大醫學院當顧問，也會繼續教授「醫學倫理學」。

「我在 2012 年停寫專欄，然後開始寫網誌。想不到，相隔近十年，再寫副刊專欄，也有些偶然。」人生的際遇，實在很奇妙。

「每個人的背後都有自己的故事，我個人的故事，稱不上特別。可是，不同的人，不同的故事，折射出不同的經歷，就反映了這個時代的面貌。」他如是說。

訪問那天，區聞海已經退休一周，亦開展了未來的計劃。「多年來，我看了不少醫學倫理及生命倫理的書籍，也搜集了大量相關的資料。現時可以好好地消化，融會貫通，再以閱讀札記的方式，寫一套筆記。」構思中，他預備將以前讀過的材料，再審閱一次，然後寫一本閱讀筆記，整理一套 Notes on Medical Ethics and Bioethics for Teachers and Health Professionals。

「我未有出版計劃，這不是『雞精』書，亦非文學書籍，相信沒有出版社感興趣。」他會考慮將其中一部分，作為開放資源，一部分送給中大醫學院，供日後的老師作為教學參考。

正如區聞海所說，像他一樣，在臨床醫療倫理和人文

區聞海
醫以載道，文以濟世

| 香港生命倫理學會講座，攝於 2017 年。

哲學等範疇都有涉獵的人，確實比較少。

　　「醫療倫理有普世的一面，但下筆時，我將這份筆記置於香港的場景中，亦可反映這個時代的面貌。此時此地，一個像我這樣的人，有這樣經歷，能接觸這麼多的範疇，可算十分幸運，就應該當仁不讓。這個時候不做，更待何時？」

　　今時今日，醫學倫理是個成熟的學科，也有上佳的參考書。「可是，在香港的脈絡中，帶點文化視野去看醫學倫理，還是比較特別的。我很想將它寫出來，雖然未必即時有用，但日後總可以用得着。」他現時已開展工作，而且尚算順利。

亦醫亦儒，小心樂事

　　區聞海雖任職醫生，卻熱愛文字創作，在美國念書時，已開始投稿，也曾拿過青年文學獎，以〈編織〉一詩獲新詩高級組優異獎。愛詩的他，亦曾於醫管局舉行過「午間詩語」講座。

愛詩的區聞海，亦曾於醫管局舉行「午間詩語」講座。

區聞海
醫以載道，文以濟世

第一次退休後，在 2017 年，他撰寫了《有詩的時候》一書，從馮至到卞之琳，從九葉詩人到七月詩人，從余光中到西西，細述中國新詩和詩人的小故事。

2019 年，他當上西西的「伴行醫生」，陪同她前往美國奧克拉荷馬大學（University of Oklahoma）接受紐曼華語文學獎，支援她作長途之旅⋯⋯有緣「伴西西同行」，也是難得的經驗。事後，他曾撰文，以「小心樂事」來形容

|《有詩的時候》書影

這次旅程，還說「最輕快的一刻其實是回到香港」，過程愉快，也有點壓力，實在不言而喻。

區聞海談吐溫文，神情懇摯，既有文人的幽微細緻，亦有醫生學者的審慎認真。訪談結束後，我關上電腦，腦海就浮現「儒醫」一詞。

宋代的文人，大多通曉醫學，如范仲淹、歐陽修、王安石、蘇軾、陸游、辛棄疾等，幾乎到了「無儒不通醫」的地步，但他們都不是儒醫，只是「儒而知醫」而已。

醫生，原是一種很專門的職業；儒者，讀書人也。「儒醫」，指的是具有一定文化素養的醫者。

由此觀之，區聞海，不正正是一位「儒醫」嗎？

笑看風雲觀天象
安時處順樂逍遙

專訪 岑智明

岑智明，前香港天文台台長。曾任香港氣象學會會長，現為香港科技大學客席教授。1986 年加入香港天文台，2011 年晉升台長，2020 年退休。自 1990 年代起，專精於航空氣象領域。2000 年代帶領研究團隊，開發出全球第一套「激光雷達風切變」預警系統，獲得本地獎項及國際嘉許。曾擔任多項國際職務，包括聯合國國際民用航空組織（ICAO）亞太區航空氣象分組主席（2003-2009）及聯合國世界氣象組織（WMO）航空氣象學委員會（CAeM）主席（2010-2018），是首位獲選出任世界氣象組織高層位置的亞洲人。

我自小生活在村野鄉間，生性如閒雲野鶴，也愛觀天賞雲。「雲」之於我，有一份莫名的親切感。念大學時，閱明代陳繼儒《小窗幽記》，讀「去留無意，漫隨天外雲捲雲舒」一語，更感世事變幻、人生無常，漸悟「得之不喜、失之不憂」之理。

近日，因緣際會，認識了前天文台台長岑智明，他對雲情有獨鍾，更被傳媒稱為「迷雲男人」。話說他在天文台工作期間，曾參與赤鱲角機場風切變的測量工作，以及開發激光雷達系統，在過程中，偶爾留意到變幻莫測的奇雲，因而引發起對特殊雲種的興趣，自此致力於追蹤雲的變化，鍥而不捨。

自 2020 年離任後，他與「香港氣象學會」一群志同道合之士，於 2020 年中，出版《觀雲識天賞光影 —— 有趣的雲和大氣光學現象》一書，讓更多市民可藉此了解天氣現象，以及培養觀天賞雲的興趣，2021 年 11 月還推出增訂版。

早在 4 月中旬，岑智明已答應了接受訪問。可是，他實在很忙⋯⋯直到 5 月中旬，我們才能相約在香港大學，走進「百年校園」的長廊，好好地坐下來，聊個痛快，談了幾個小時。

三步不出西營盤

　　岑智明自言,小時候「三步不出西營盤」,原來他家住西營盤,在附近念幼稚園,然後入讀聖保羅小學、聖保羅書院,一讀十三年,接着是香港大學……他是家中獨子,父親為口奔馳,終日工作。所謂望子成龍,母親在家相夫教子,對他管教甚嚴。自小學開始,他的考試成績,總是名列前茅。

　　「聖保羅書院的學生,有很多不同的類型,但以埋頭讀書的佔多,例如有一位師兄,仿如機械人,整天木無表情,只知讀書、讀書、讀書……」他承認自己當年亦勤奮

| 幼兒時期的岑智明與父母合照

好學，是「乖」孩子一名。

　　人世間，變幻無常，中三那年，他的右眼突然視網膜脫落，中央視力受損，必須立即進醫院動手術，手術後，他看到的字會變得彎曲。「父親患有深近視，那時居住在般含道下邊的舊式唐樓後座，家中經常昏昏暗暗的……」先天的遺傳問題，加上後天環境，可能都是致病原因。

　　岑智明完成手術後，休息了個多月，才可恢復上課，但在學年終結時，竟考獲第一名。他念書異常努力，實在無庸置疑，因為成績優異，經常獲贈書券一百元作為獎勵。在初中時，他曾在「青木書店」買來一本《微積分》教科書，自行閱讀，「這本書深入淺出，我居然一看便懂，大感興趣。」

　　眼睛出事，令他大受打擊，手術之後，右眼眼底也會間中出血。「眼前一片血紅色，然後變綠色……逐漸轉淡，到恢復正常，已經歷好幾個月，在這段期間，只能用左眼看書。」面對這樣的風險，他擔心將來，可能連會考也未能參加，於是開始涉獵哲學、心理學等書籍，探索人生的意義。同時，為眼睛保健，要多看綠色草木樹林，令他迷上行山，經常獨自一人走上山頂，或到薄扶林水塘、香港仔水塘，以至寶雲道一帶遠足。

岑智明
笑看風雲觀天象，安時處順樂逍遙

｜中學時期的岑智明與父母合照

升上中四，他選讀理科，修讀「附加數學」。中五時，遇上程介明教授物理課，「他不只按照會考課程教學，還會介紹課本以外有趣的課外書，講宇宙大爆炸、基本粒子⋯⋯」這些科普書讓他大開眼界、拓寬視野，也令他愛上物理，自動自覺探討更深奧的課題。

他坦言，「這是我一生的轉捩點，程老師是個謙謙君子，言傳身教，是我的恩師，沒有他的啟發，我未必會選讀物理，更不會進入天文台！」

在香港高級程度會考中，岑智明取得卓越成績，考獲四科「A 級」，除了入讀香港大學，還可往牛津大學（University of Oxford）念書，而且有獎學金，但由於眼疾，母親不放心他獨自一人在外地生活。結果，他選擇了留在香港念大學，並積極投入天文學會的活動，定期舉辦講座，跟中學生分享有關知識。

大三那年，時任天文台高級科學主任的林超英，到港大授課，令岑智明認識到物理也很貼近生活，可學以致用。1985 年，他申請往美國念研究院，進一步鑽研物理學，同時獲得三所大學取錄。

然而，碰巧香港天文台聘請科學主任，他又被取錄了。面臨抉擇，他想到，「與其前往美國研究高等物理學，

上圖：中五謝師宴，左五為岑智明。
下圖：大學畢業時的岑智明

上圖：1986 年岑智明（第二排右二）於英國原子能機構受訓
下圖：1987 年岑智明（第二排左三）於英國氣象局受訓

岑智明
笑看風雲觀天象，安時處順樂逍遙

沿着霍金的研究之路前進，將來的發展，可能是未知之數，不如選擇留在香港，將所學應用在日常生活上，有利社會民生，更有意義。」

他強調，選擇的原則是「不斷有工作可做，還有新的嘗試」。經詳細考慮後，他在 1986 年 2 月，加入天文台為科學主任，先後接受核輻射、氣象學和數值天氣預報等專業訓練。

雷達探測「風切變」

至 1993 年，天文台安排岑智明負責電腦工作，研究電腦程式預測颱風的準確性，派他往國際商業機器公司（IBM）受訓。正值香港興建新的國際機場，天文台同時開展幾個新計劃，另一位同事，剛在澳洲念完電腦碩士回來，則被安排負責安裝「風切變雷達」的工作。

「我認為電腦只是一個工具，對它興趣不大。」他靈機一觸，徵得那位同事同意後，向上司申請，彼此互換工作，結果，獲高層批准，大家得償所願，各司其職。

自此，他專門從事航空氣象工作，負責安裝及引進機場多普勒天氣雷達，為赤鱲角的香港國際機場探測風切變（Wind Shear）。「由於大嶼山的山勢問題，氣流容易左右流動，產生劇烈風切變，可以造成飛機墜毀，給人類生活帶來嚴重影響。」這種晴天風切變，多普勒天氣雷達根本難以預測，於是天文台考慮引入激光雷達，往美國取經。

新機場於 1998 年 7 月啟用，1999 年 8 月發生華航墜機的事件，這宗嚴重事故，備受各界關注，亦為他帶來契機。

香港民航處調查報告指 "There was some wind shear……" 但因為雷達讀數未達風切變的國際認定水平，故未有發出警告。華航申請司法覆核，岑智明身為高級科學主任，負責監察風切變，故獲派為天文台代表，擔任專家證人，上庭作供。因事件涉及波音公司，故美國的國家運輸安全調查委員會（NTSB）派代表來港參加意外的調查。這位美國代表曾說過："I come here to represent the interest of the United State."

這說法既不專業，亦令人感到很惱火，「我從波音公司所提供的飛行數據，在數式中去除風的因素，發現飛機仍然會墜毀，證明意外並非由風切變引起。」香港天文台贏了漂亮的一仗。

岑智明
笑看風雲觀天象，安時處順樂逍遙

根據這次經驗，岑智明發明了嶄新的激光雷達掃描航道方法，比傳統雷達掃描提高準確度，成功應用激光雷達探測無雨情況下出現的風切變，成為世界首例，為提升航空安全作出貢獻。

　　2003 年初，他在著名刊物《國際民用航空組織期刊》發表了一篇文章，介紹香港國際機場的風切變及湍流警報服務，確立了香港天文台在世界航空氣象服務方面的前列位置。他亦進一步研究風切變的成因和改進預警方法，與其工作團隊合作，於 2005 年建立世界第一個「激光雷達風切變」預警系統，得到國際認同，亦囊括了多個創新科技獎項。

| 2010 年岑智明（右二）當選為航空氣象學委員會主席

由於他在航空氣象方面，不斷進行研究，而且在開會時提出具體建議，並發表相關論文，至 2006 年，獲選為世界氣象組織「航空氣象學委員會」副主席，並於 2010 年 2 月當選主席，這是香港天文台人員，首次在世界氣象組織中取得的最高職位。

多元合作創新猷

2011 年 4 月，岑智明晉升為天文台台長，成為歷任華人台長中最年輕的一位。

他經常強調，氣象服務要積極面對改變的重要性，並指在面對挑戰時，必須「更具彈性、更有創意、更具成本效益」。他擔任台長後，以「科學」、「創新」和「多元合作」作為天文台發展的三個支柱，推出多項新服務，如「特別天氣提示」，又於智能手機應用程式「我的天文台」推出「定點降雨預報」、「香港天文台個人版網站」、「九天天氣預報」等。

此外，在積極爭取下，自 2011 年 6 月熱帶風暴「海馬」

襲港開始，天文台正式與政府飛行服務隊合作，每當有熱帶氣旋進入南海北部，便派出定翼機進入熱帶氣旋中心，取得最新數據。「不過，飛機還未能飛往呂宋、台灣一帶，探測颱風具體情況，實在有點遺憾。」說起來，他仍有點耿耿於懷。

為了服務市民，他推出不少新猷，但同事的步伐未必一致。如天文台「面書」（Facebook）的設立，最初遭到部分同事的反對。「我唯有用自己的名義，開設 Facebook，善用社交媒體，與市民增加互動，並回應傳媒的報道，有需要時作出糾正。」

2011 年岑智明升任天文台台長，攝於辦公室外。

岑智明表示，「我在任內，是唯一的一個政府官員，在個人的社交網站批評媒體的錯誤報道，幸而他們亦接受。」慣於接觸網民的他，亦勇於面對坊間對天文台的種種質疑，並作出回應。幾年後，天文台才增設官方「面書」，逐步拉近與市民距離。

「吸風台長」話當年

在長達九年的台長生涯中，岑智明共發出三次十號颶風信號，包括強颱風「韋森特」（2012）、超強颱風「天鴿」（2017）和「山竹」（2018），成為發出最多次數「十號風球」的台長，故被外間戲稱他為「吸風台長」。

「天鴿是 1946 年以來，第十五個『十號風球』，亦是我任內第二個。其特別之處，在於它以非常短暫的時間達到『超強颱風』的級別，在經過香港以南時急劇加強，風眼亦非常清晰。」他指出，香港以南有個小島黃茅洲，在廣東珠海市範圍內，島上有天文台的自動氣象站儀器，有兩支主力風速計，其中一支已被颱風吹壞，餘下的一支，則完

| 2017 年岑智明發出「天鴿」十號颱風信號的一刻

整記錄到天鴿的風力,達到「超強颱風」的級別。

天鴿帶來的影響甚大,香港南部,尤其是在長洲,多艘船隻擱淺,有超過五千宗樹木倒塌,以及多棟大廈玻璃幕牆受破壞。「香港至少有一百二十九人受傷,幸而無人死亡。至於澳門,則至少有二百四十四人受傷,十人死亡,成為近數十年來造成澳門人命傷亡最嚴重的天災。」

談及颱風,最值得注意的,就是它所帶來的風暴潮。岑智明說:「我講述香港風災時,都會強調風暴潮。在山竹出現之前,天鴿已為香港帶來近年最嚴重的風暴潮,當時維港的潮水高度,即天文潮加上風暴潮,達 3.57 米,是戰

後有儀器記錄以來排行第二。」大家印象最深刻的，大抵是杏花邨水浸的情況，那就是風暴潮加上大浪之故，不少人對當時的情景，仍歷歷在目。

「風暴潮造成的破壞，不單只在杏花邨，在香港各處，如沙田、大埔、元朗、大澳、將軍澳等地，亦隨處可見。」由此可知，颱風可以造成很大的損失，以及人命傷亡。

另一難忘的經歷，則是山竹來襲，前台長接着說：「對於何時發出一號戒備信號，我感到忐忑不安，最後提早掛上，幸好安然渡過。」他繼而指出，「山竹可能是近年令人在家中會感到不安全的颱風，不少房屋搖晃，樓宇停水、停電、停升降機。天文台百周年紀念大樓的天氣預測中心雖然在七樓，但亦在山竹吹襲時搖晃，前所未有。」

「山竹是紀錄上距離香港最遠的十號風球，其中心在香港西南一百公里掠過，不同於『溫黛』正面吹襲，在香港境內登陸。正常來說，山竹的距離會被視為掠過，但由於它的環流巨大和颱風範圍覆蓋香港，所以需要懸掛十號風球，而且維持了十小時，僅次於 1999 年『約克』的十一小時。」說起山竹，岑智明滔滔不絕地，細細道來。

「山竹的最高潮位，比天鴿還要高，令香港很多地方水浸。維港與香港東部、南部都吹颱風，帶來非常嚴重的破

壞。官方公佈有超過六萬宗塌樹，但真正的數字可能遠遠不止於此。同時，沿岸的設施亦被毀壞，風暴潮和大浪嚴重破壞了將軍澳海濱長廊，多棟大廈玻璃幕牆的損壞，亦是個大問題。山竹吹襲期間，本港至少有四百五十八人受傷，幸好無人死亡。」談到颶風的威力，大家也猶有餘悸。

「甲戌」、「丙午」釀巨災

這位「吸風台長」，還自稱「追風」一族，除了近年的「超強颱風」，岑智明又提到香港戰前的兩個颱風。「1874年9月22日，香港遭受強烈颱風吹襲，加上風暴潮肆虐，造成二千多人死亡，是香港有紀錄以來死亡人數第三多的風災。」因為歲次甲戌，故名「甲戌風災」。此風來勢洶洶，亦波及澳門，造成五千人死亡，佔當時澳門人口的百分之八，可謂傷亡慘重。

香港天文台於 1883 年 3 月 2 日，始正式成立，天文學博士杜伯克（William Doberck，1852-1941）來港，出任天文台台長。1906 年 9 月 18 日，超強颱風襲港，史稱「丙午

風災」，全港估計逾萬人罹難，不少船隻沉沒或擱淺，包括英法軍艦在內。天文台被指未有預警，杜伯克亦因此於1907年黯然退休。

岑智明指出，「政府於事後經過深入調查，確認『丙午』屬突發颱風，以當時有限的科技，實難以預測。而『丙午』亦為『侏儒颱風』，烈風風力範圍距離中心僅數十公里，在缺乏氣象衛星和雷達的年代，監測侏儒颱風並不容易。」據資料顯示，杜伯克在風暴襲港當日九時前已放「風炮」（相當於今天的「八號風球」），可惜炮聲被風聲蓋過，終釀成大批漁民傷亡。

「2012年，澳門氣象局為慶祝成立六十周年，舉辦了一個分享活動，圖文並茂，展示了『甲戌風災』肆虐的情況。」岑智明與天文台的同事，亦親往道賀，並觀看了大批照片，留下深刻印象。

2013年，香港天文成立一百三十周年，據他憶述，「我們舉辦一系列的慶祝活動，其中一項，就是在歷史博物館舉辦歷史展覽。」為此，他開始「追風」，尋找香港歷史上有關風災的舊照片、明信片，以至舊報紙⋯⋯正因為這樣，他認識了愛好歷史的著名收藏家，有「掌故王」之稱的鄭寶鴻先生，還有大家熟識的歷史學者丁新豹博士。自

此，在朋友輾轉介紹下，他認識了多位歷史相片、圖片的收藏家，還不時自掏腰包，購買風災相片，亦曾參加「香港收藏家協會」。

「其中有一位藏家，專門收藏著名攝影師黎芳的作品。黎芳被譽為十九世紀最重要的中國攝影師之一，他創立的『華芳映相樓』，是香港最早期的照相館之一。黎芳曾拍了一輯『甲戌風災』的照片，共二十二張之多，那位藏家亦全數購入。這輯照片，曾在香港海事博物館展出。」說起昔日的風災老照片，他喜形於色。

樂夫天命復奚疑

2020 年 2 月，岑智明離開服務三十四載的香港天文台，計劃於卸任後，即前往日內瓦，擔任「世界氣象組織」服務司司長一職。然而，就在出發前，他的青光眼問題突然惡化，須立即接受手術，開刀後，視力仍維持手術前的情況，一隻眼僅餘三成視力，迫於無奈，他最終決定留在香港，放棄日內瓦之行。他表示，「由於青光眼沒可能完全

根治，即使手術後，也不能完全恢復，唯有服用中藥，希望能夠改善視力。」

對於錯失更上層樓的機會，岑智明直言有得有失。所謂「塞翁失馬，焉知非福」，他曾與常霖法師談及此事，對方向他表示「一切都是最好的安排」，令他覺得很有智慧。他笑言，「即使自己可以去到日內瓦，在世界氣象組織工作，但世事無常、風雲驟變，極有可能遇上很多困難、挫折，也說不定。」

繼《觀雲識天賞光影》面世後，岑智明又於 2022 年出版兩本新書。其一是《颱風解密：你也可以做天氣達

| 岑智明攝於退休記者招待會

岑智明
笑看風雲觀天象，安時處順樂逍遙

人！》；其二是天文科普漫畫書《CMS 天文調查隊》，由他介紹天文原理及提供真實故事，跟一班年輕而充滿活力的團隊合力創作，帶領大家馳騁於現實與幻想的天文世界。「放下手機，抬頭望望星空，世界其實是很大的。」漫畫主筆步葵（馬瑋婷）說得好！

他期望小朋友、家長及教師，喜歡這本教育與娛樂並重的天文冒險漫畫作品。

奇雲虛無縹緲，靈動多變，教人着迷不已，天氣或晴或雨、乍暖還寒，同樣難以捉摸，人的際遇，亦可作如是觀。藉着賞雲觀天，可以感悟人生哲理。

岑智明認為，「人生充滿變化，難以估計，同時，亦非無跡可尋。」面對生命中的挑戰，從小時候直到今時今日，一路走來，他仍堅持盡力而為、永不言棄。正如孔子所說：「不怨天，不尤人，下學而上達，知我者，其天乎！」

2021 年，他報讀了中大歷史系的碩士課程，又追隨水墨畫家馮永基先生習畫，還替香港作家西西的詩集繪畫……留在香港生活，每天源頭活水湧至，也可以過得非常充實、愉快。

滾滾紅塵世路長，願前台長在人生路上，邁開腳步，迎上前去，繼續盡展所長。

君踏舞台成佳話
豪情俊逸十三郎

謝君豪

謝君豪，香港演員。畢業於香港演藝學院戲劇學院，主修表演。曾任香港話劇團首席演員，以及春天舞台製作全職演員。舞台劇演出包括《南海十三郎》、《奪命証人》、《天下第一樓》、《天色》等。曾於《人間有情》一劇擔任導演一職，並編寫劇本《臭罌中的臭草》。近年參與中國內地、香港、台灣電視及電影演出，作品有《那年花開月正圓》、《拆彈專家 2》、《明日戰記》、《濁水漂流》、《過時 ‧ 過節》、《毒舌大狀》等。憑舞台劇《天下第一樓》獲第 7 屆華語戲劇盛典最佳男主角；憑電影《南海十三郎》獲第 34 屆台灣金馬獎最佳男主角。2023 年獲香港演藝學院頒發榮譽院士。曾應邀出任香港浸會大學電影學院兼職研究員及客席講師。出版有散文集《采湳》及《跳進人間煙火》。

大學時代開始，我已喜歡觀賞舞台劇，香港話劇團推出的劇作，大部分也曾看過。1993 年的《南海十三郎》，謝君豪以精湛的演技，演活了劇中的主角江譽鏐，讓觀眾認識了這位戲曲奇才，也奠定了他在劇壇上的地位。

　　屈指一算，快三十年了。長溝流月去無聲，輾轉又到了 2022 年。巧遇機緣，竟然有機會約到謝君豪做專訪，實在喜出望外。

　　香港公園的「樂茶軒」，上午比較清靜，早上十時半開始，我和攝影師，跟謝君豪坐在裏面，一邊喝茶、一邊聊天，話題當然離不開舞台劇，還有他在演藝工作方面的心路歷程……

　　室內茶香縈繞，外面卻風雨橫斜、天昏地暗……躲上茶室成一角，管它襲來的，是黃雨，還是紅雨。結果，我們聊到下午三時，待外面的雨勢稍為減弱，才離開茶軒。

偶遇《雷雨》，初踏台板

每個人的背後，都有其成長故事。謝君豪早年居於彩虹邨紫薇樓，家中有三兄弟姊妹，他排行第二，父親為廚師。「我讀的陶庵幼稚園，就在樓下，也扮演過小白兔拔蘿蔔……就像其他的小朋友。」他笑着說。

1977 年，在聖公會靜山小學畢業後，他升讀新亞中學。「我的成績中等，中學會考未能取得足夠分數回到原校升讀預科。」他轉到港島區的培僑中學念書，因為不習慣，有點不適應，其後又轉往五育中學讀中六。

就在這一年，他被同學推選出來，參加了學校的戲劇日比賽，演出曹禺的經典作《雷雨》，他只好硬着頭皮，飾演劇中的周萍，但在排練的過程中，其中有一場戲，與後母繁漪爭吵，令他體會到，透過演戲，可以宣洩情感，並且獲得滿足感。「當時的班長是彭杏英，她擔任導演，要求好高……」此劇獲得多項大獎，也為他帶來「最佳男主角」獎，自此，他對演戲的興趣愈發濃厚。

戲演完了，曲終人散後，他感到有點失落。戲劇導師胡雪珍老師眼見如此，便趁着暑假，帶他出外參加業餘劇

社——「校協戲劇社」的聯校戲劇節比賽，藉以累積經驗。

「胡雪珍老師是我第一位恩師，她帶我踏入戲劇這道大門……」胡老師畢業於培道女中，也是我中大的校友。世界真的很細小！

當時「校協戲劇社」的負責人，有林大慶、凌嘉勤、鄭文亮、陳麗音、朱月翹等，大多是「力行劇社」的成員，每年舉辦聯校戲劇節，每間中學可派幾位代表參加。同時，他們亦舉辦戲劇訓練班。

談起往事，謝君豪繼續說：「參加訓練班，先要面試。我被派往『演員組』，也有同學被分配入『後台組』……有東西可學，又可以演出，好充實！」

他仍然記得，第一次演出的舞台劇，是《五月機場》，時為 1984 年。「陳寶敏編寫戲本，兼任副導演。內容描寫中學會考生，到啟德機場溫習的情況，題材非常寫實，好有時代感，導演是朱月翹。我扮演中學生，帶着 Walkman 上場，邊看書，邊唱歌……我演得好投入，也感到很『過癮』。」

至 1985 年，他再參加「校協戲劇社」的演出，在《西風不識相》，飾演劇中的爺爺。此劇改編自三毛的作品，同時搬上舞台的，還有改編自黃春明的《蘋果的滋味》。

上圖：謝君豪在《雷雨》中扮演周萍
下圖：《雷雨》劇中，周萍指罵繁漪。

其後，在德國戲劇節中，「力行劇社」與「海豹劇團」合作，選演德國戲劇家彼得．魏斯（Peter Weiss）的《良藥苦中求》（*How Mr. Mockinpott was Cured of His Sufferings*）。「鄧樹榮當主角，還有黃哲希、陳桂芬……我扮演幾個小角色，其中一個是律師，聲大大，好搞笑，一出場即跌倒，口甜舌滑……好搶戲！」難得的演出，他細細道來，說得有聲有色。

|《雷雨》演員與同學合照，後排左二為謝君豪，前排左一為導演彭杏英。

謝君豪
君踏舞台成佳話，豪情俊逸十三郎

走進「演藝」，常在心間

　　1985 年，謝君豪投考香港演藝學院，面試時，選演律師這場戲，以為十拿九穩，豈料名落孫山。他一氣之下，放棄演戲的心願，跑去報讀基督教聯合醫院的護士課程，三個月後，在骨科當實習護士，甫開始，便發覺自己完全不適合這份工作，感到很苦悶。

　　在這段期間，他偶然看了香港話劇團演出的莎劇《請君入甕》（*Measure for Measure*），此劇由英若誠導演，非常吸引。觀劇後，他戲癮大發，決心再投考香港演藝學院。

　　為了成功被取錄，他報讀香港浸會大學校外進修部的戲劇課程。當時的導師是何偉龍，主要教導學員面試技巧，指導他排練《莫札特之死》（*Amadeus*），以其中一段非常戲劇化的獨白應考。謝君豪最終獲得取錄，於 1986 年入讀戲劇學院表演系。

　　由於他已有戲劇訓練的基礎，不須再讀基礎班，跟剛升班的鄧偉傑、陳國邦等一起上課。「在學院最大的得着，是將以前學過的，全部抹走，重新開始⋯⋯」說起當年的學習，他提及毛 Sir（毛俊輝）教授的 "Basic Acting"。

「他對我的啟發，從一個練習開始，我們要做一段戲，表達一種感覺，例如『痛』……同學表演時，我仍未想到做甚麼，輪到我出場時，我還在構思，於是坐下來，停了很久……其他同學開始笑……我突然靈機一觸，把手指往額頭一按，然後望望手指，『猝吓』隻手指……做完。」

全班同學大笑，完全不知道他在做甚麼，毛 Sir 卻大讚他做得好。其實，他表演的是「被蚊咬，感到痕癢，將蚊拍死，手指沾上血……」。

毛 Sir 讚他有兩個優點，「一是不 push，慢慢感受，感受到才做；二是做得好 detail。」

自此之後，他開始明白「忠於自己感覺」的重要。毛 Sir 教曉他 Honest，「不要為表演而表演，一定要用心去感受，如果無感受，就不要勉強自己去演，這是一個過程，絕對不能輕輕放過……」得到毛 Sir 引導，他逐步走進演戲的正途。

謝君豪認為，「技巧不是最重要，如節奏、咬字、聲調……全不難掌握，表演藝術最重要是 Honest，否則就流於表面。演戲不能千人一面，每個演員都有自己的感受，也有不同的演繹，具有個人的獨特性，這才精彩！」

當時在戲劇學院，「Colin George（章賀麟）教古希臘

悲劇,三叔(林立三)教『形體動作』,肢體語言的訓練,對演戲大有幫助⋯⋯」那些年,學員有很多實習的機會,「King Sir(鍾景輝)主要製作大型經典劇,如《風流劍客》(*Cyrano de Bergerac*);毛Sir則最愛契訶夫的戲,我演過他導演的《三姊妹》(*The Three Sisters*)。」

他自言,在學院三年,對他日後的演藝生涯,影響甚大,可謂一生受用。「那時候,每個同學都很特別,亦很有性格,大家可獨當一面。」同班的同學,如鄧偉傑、陳國邦、黃真真、姚潤敏等,亦各有發展。

謝君豪的畢業演出,是美國劇作家拉里‧克萊默(Larry Kramer)的半自傳作品《常在我心間》(*The Normal Heart*),寫的是八十年代,在美國發現愛滋病並與之對抗的真實歷史。他與鄧偉傑合演一對伴侶,古明華飾演哥哥,導演是同學曹東。「那一年,潘燦良、蘇玉華正在讀一年級,也有份演出,蘇玉華演醫院護士⋯⋯」他演主角Ned,以作家身份,站出來爭取大眾關注事件,成立組織,卻面對多重壓力,包括政府、染病的情人,甚至自己的親生哥哥。

這個劇本寫得很好,角色關係充滿張力,每場戲都有衝突,「當時的同學,只有十來廿歲,其實,對愛滋病感到

很陌生，沒有太多直接感受，只能憑想像去演繹，但大家都喜歡挑戰自己，處理一些較為特別的題材。」

加入「劇團」，更上層樓

1989 年畢業後，謝君豪投考香港話劇團，即被取錄。那時在「話劇團」，有不少演員，「資深的前輩如利永錫、許芬、歐陽奮仁、葉進……此外，還有林尚武、周志輝、羅冠蘭、區嘉雯……來自演藝學院的，則有楊英偉、馮蔚衡、陳麗珠、潘煒強、黃哲希……」他一口氣道出多個名字，如數家珍。

「我是第 2 屆畢業生，只心儀『話劇團』，其他同學各有選擇，有的去『無綫』試鏡，有的繼續深造……」他加入「話劇團」時，仍是陳尹瑩當藝術總監，第一次踏上舞台，演的就是《花近高樓》，他飾演一個漁民，坐在船上抽煙。

幾個月後，陳尹瑩離職，楊世彭博士走馬上任，擔任藝術總監；而古天農赴紐約進修後回港，亦擢升為助理藝

術總監。

　話說有一次，「話劇團」排演沙葉新的《耶穌‧孔子‧披頭四連儂》，內容諷刺極權的統治者。高翰文演耶穌、歐陽奮仁演孔子、周志輝演約翰連儂，謝君豪演天使、記者、百姓甲，「當時的女王頒下命令，吃飯有時、如廁有時……百姓不准違抗聖旨。其中一幕，我演百姓甲，為人熱血，嚴格遵守女王的命令……我剛剛上完廁所，在門口碰到孔子，因為時間已到，所以攔住他，不讓他進洗手間。」楊世彭博士稱讚他演得非常好。

　他強調，「楊世彭博士於我有恩，他很器重我，給予我好多演出的機會。」1993年，他已一躍成為「話劇團」的「首席演員」。

｜《費加羅的婚禮》劇照，譚偉權與謝君豪（右）。

楊世彭博士甚愛搬演外國古典名劇，尤其是莎劇。「演翻譯劇，最困難是唸對白，詩化的語言，用廣東話唸出來，好考工夫⋯⋯」在「話劇團」，謝君豪演過翻譯劇，如《費加羅的婚禮》（*The Marriage of Figaro*），也演過杜Sir（杜國威）的《我和春天有個約會》（1992）⋯⋯至1993

《我和春天有個約會》劇照，謝君豪與劉雅麗。

謝君豪
君踏舞台成佳話，豪情俊逸十三郎

年的《南海十三郎》，此劇令杜 Sir 更上一層樓，而謝君豪亦以「南海十三郎」一角，令他聲名大噪。

1994 年，《我和春天有個約會》被改編成電影，「當時將位於觀塘秀茂坪的『金茂坪戲院』改成『麗花皇宮』，拍了十多日便煞青。我演出 Danny 一角……劇壇中不少名人，如楊世彭博士、King Sir、麥秋等客串當賓客。」結果，電影大受歡迎，非常賣座。

1997 年，在第 34 屆台灣金馬獎，杜 Sir 以電影《南海十三郎》榮獲最佳改編劇本獎，而謝君豪則獲得最佳男主角獎。

回首當年，謝君豪自言，他真的完全沒想過獲獎，因為對手甚強。坐在席上，聽到頒獎嘉賓宣佈得獎的那一刻，他感到非常詫異，只好一邊步行，一邊構思謝辭，慢慢地走上台領獎。

他發言時，因為國語不靈光，還請司儀吳君如代為翻譯，「身為舞台劇演員，取得這個電影獎項，我感到非常榮幸，希望日後電影和舞台，可以有更多的合作和溝通的機會……」他說得很得體，也道出自己心聲。其後，傳媒報道，說他這個「黑馬影帝」非常穩重，上台領獎時，走得好緩慢。

演「十三郎」，傳世之作

　　事實上，《南海十三郎》確是謝君豪的代表作，談及此劇，他豎起大拇指，「劇本寫得非常好，是杜 Sir 的最佳作品。」

　　劇中人「南海十三郎」是個傳奇人物，這個角色非常戲劇化，古怪狂傲、瘋瘋癲癲……「在劇中，我從他二十多歲演到七十多歲，從意氣風發，演到潦倒街頭……」而戲外，謝君豪亦從廿來卅歲演到五十多歲，很少人有機會，演同一個角色，長達二十多年之久。

　　他浸淫其中多年，已演了百多場，隨着個人的成長，對這個角色也有不同的體會。

　　「早年，我將焦點放在十三郎恃才傲物、懷才不遇、執着的一面。例如臨終那一幕，他戴着眼鏡走出舞台，一邊唱南音，身上揹着很多東西，有舊報紙，也有其他破破爛爛的家當……表現出很痛苦的樣子，身上的東西，慢慢地逐一跌下，眼鏡也跌下了，還跌爛了眼鏡片……他掙扎着戴回眼鏡，一邊還有鏡片、另一邊卻沒有了，最後，面向觀眾，才倒在地上死去。」

｜上圖：《南海十三郎》劇照，後立者為潘燦良飾演的唐滌生。
｜下圖：《南海十三郎》劇照，意氣風發的南海十三郎。

到今時今日，他卻用不同的方法去演繹，「我會一邊行，一邊將身上的雜物逐一放低、放低、放低……自己除下眼鏡，放在一旁……然後，面向觀眾，倒在地上死去。」

謝君豪指出，「這是一個『放下』的過程，至死也要戴回眼鏡，是因為他喜歡的女友，曾說他戴眼鏡好看……他的執着，是他的包袱，早年的風光，令他不停地揹上包袱，直到他窮途末路，無人問津，他才有機會學習『放下』；前半生的意氣風發，到後半生，逐漸遭冷落、被遺忘，他才有時間學習『放下』……直到放下眼鏡。眼鏡是他的情意結，也是個象徵……臨終時，他可以『放下』一切，坦然面對世界。」如何演繹「十三郎」，他說得仔細詳盡。

除了在香港，《南海十三郎》亦曾於內地、新加坡等地上演。這齣舞台劇，雖然以粵語演出，但內地的觀眾，同樣受落，「尤其是在廣州，觀眾的反應，出乎意料地熱烈，台上台下有交流……演出後，我累得病倒了。」

「觀眾的反應啟發了我，原來他們覺得粵語很有韻味。粵語保留很多古音，用來唸唐詩，特別動聽。」他接着說。

同樣以方言演出的劇作，令人想起《茶館》，老舍先生這個經典作品，從 1958 年首演至今，已經演了六十多年，共七百多場。「《茶館》將北京話的魅力，表露無遺……

而我們一直忽略了廣東話的味道，反而離開了香港，才發現其特有的韻味。」謝君豪近年多在內地發展，感受特別強烈。

頓了一頓，他又說：「南海十三郎確是個好角色，能有機會演出這齣舞台劇，感謝杜 Sir！」

不是每個演員，也可遇上傳世之作，得之，幸也！

轉戰「春天」，多方嘗試

1997 年，正值香港回歸，謝君豪卻離開「話劇團」這個大家庭，轉往「春天舞台」。

「我開始了解，甚麼叫做商業製作。」那段日子，他演過《人間有情》、《我和春天有個約會》、《南海十三郎》……也曾兼任《人間有情》的導演，感到很吃力。「當時陳恆輝當副導演，是我的得力助手。」

在《劍雪浮生》中，「我演唐滌生一角，由於不是唯一的主角，所以壓力不大，較為輕鬆……」他留在「春天」兩年，演完百多場的《劍雪浮生》後，便出外發展。

1999 年，他拍了許鞍華執導的《千言萬語》，劇中大部分的人物都以真人為依據，影片以水上人蘇鳳娣的失憶開始，透過她對往事的回憶，道出整個故事。謝君豪飾演區議員邱明寬，是社會運動的中堅分子；李麗珍演蘇鳳娣；黃秋生則演甘仔，角色以意大利神父甘浩望為藍本。

　　2000 年後，他開始北上發展，在內地的工作，主要集中在影視方面。他主演的電視劇，為數不少，如《長恨歌》（2006），改編自王安憶的同名長篇小說，劇集由丁黑執導，由關錦鵬監製，謝君豪演程士砥，戲份相當多，在上海拍了九個月，長達三十五集。

　　謝君豪從未到過上海，為了拍攝這個劇集，除了看書、找資料，他亦提早前往上海體驗生活，「我們拜訪上海的老人家，透過訪問，了解他們在舊上海時的生活，喝咖啡、吃西餐，如何拿刀叉……還有打棒球，好洋化！」

　　「《長恨歌》拍的是上海的故事，對於這個劇集，印象好深刻，雖然不是香港題材，我也找到『連接點』，從事藝術工作，一定要找到『鑰匙』，不單是角色，還有題材……」他娓娓道來，細說演戲心得。

　　有一段時間，內地流行歷史劇，2013 年，他在劇集《毛澤東》中演孫中山。近年，流行的是古裝劇，《那年花

開月正圓》（2017），故事講述清末出身民間的陝西女首富，吳周氏跌宕起伏的人生，孫儷、陳曉主演，謝君豪則飾演沈四海，也是由丁黑導演，此劇大受歡迎。「這廿年來，我在內地拍攝的電視劇甚多，跟不同的人合作，也有不同的經歷、體驗。反而在香港，拍的電影、電視劇比較少。」

近兩三年，他留在香港的時間較長，演出的機會亦較多。在邱禮濤導演的電影《拆彈專家 2》（2020）中，他與劉德華、劉青雲合作，飾演無政府主義者馬世軍。

2021 年，在李駿碩執導兼編劇的電影《濁水漂流》中，謝君豪與吳鎮宇、李麗珍等合作，此片由真人真事改編，講述一班在天橋底下聚居的露宿者，他們被社會邊緣化，因城市再發展而不斷遭受掃蕩清場的故事。此片刻劃貧民區露宿者的生活，備受好評，在第 58 屆台灣金馬獎獲多項提名，並獲得最佳改編劇本獎。而在第 40 屆香港電影金像獎中，亦有多項提名，而謝君豪亦以飾演「老爺」——一個來自西貢的居港越南難民，獲提名角逐最佳男配角獎。

情繫舞台，今生無悔

　　謝君豪在戲劇學院接受訓練，主修表演。「我們一班同學，掌握了一套表演的方式，也有自己的戲劇觀，大家很有自信，也有個人的夢想……」當年的畢業生，已在不同的崗位上，台前幕後，各有不同的發展和成就。

《奪命証人》謝幕照，謝君豪（右三）與秦沛（左一）。

謝君豪
君踏舞台成佳話，豪情俊逸十三郎

多年來，他投身演藝界，除了演出舞台劇，早年也為電影配音，此外，在香港和內地，亦演過電影、電視劇……然而，他承認，「在舞台上演出，發揮的空間較大，亦可帶來更大的滿足感。」

談及合作的導演，他說：「我與毛 Sir 合作最多，早在學生時代，就曾演過他執導的《阿茜的救國夢》（*The Visions of Simone Machard*）、《三姊妹》……其後，在『話劇團』，則演過《胡天胡帝》（*Ubu Roi*）、《紅房間、白房間、黑房間》、《新傾城之戀》、《還魂香》、《梨花夢》……」

「2010 年，在《情話紫釵》中，我演現代版李益 Kelvin，其後，還有《杜老誌》、《奪命証人》。」

《杜老誌》的故事，發生於八十年代，在「杜老誌舞廳」最豪華的「888 號房」中。謝君豪飾演股壇狙擊手鄒世昌，他嘗試忖摸這個角色的內心世界，認為鄒先生「根本不是個老千，而是個賭徒」。對這個人物的演繹，他承認自己還有進步空間，感到有點遺憾。

這幾年，他跟張之珏也有合作，2017 年的《小城風光》（*Our Town*），他演「舞台監督」；而在 2019 年《但願人長久》（*The Shadow Box*），則演 Joe。這兩齣戲，都是 King Sir 從外國引入的舞台劇，也是他喜愛的劇目。

「King Sir 曾說過,戲劇表演藝術,沒有十幾年沉浸過程,何來演技可言!」演戲多年,對於這個說法,謝君豪深表同意。

他曾應盧偉力之邀,在香港浸會大學教授有關「演技」的碩士課程,「那時在橫店拍戲,每個星期日,花上差不多兩個小時,從橫店坐車到杭州蕭山機場,再乘飛機回香港,星期一上完課,然後飛回去……雖然奔波,但教學相長,也獲益良多。不過,教了一個學期,半年後,因時間未能配合的關係,沒有繼續教下去了。」

念念不忘,粵語唸書

近日,謝君豪將香港著名作家劉以鬯的小說,用粵語唸出,已經讀了《對倒》上半部(一至十三章),還有《打錯了》,他將唸書的過程拍攝下來,加上配樂和字幕,已上載 YouTube。至於《對倒》下半部,則仍在製作中。

他表示,「我覺得用粵語唸書很有味道,一直想將廣東話的韻味表現出來,於是將唸書片段製成錄像,放在網

上，供大家觀賞。」

為何「聲演」小說？緣起於 4 月 23 日的世界閱讀日，上海大劇院邀請多位知名人士「讀書」，謝君豪是其中一位，這個活動以馬拉松的方式直播，藉以推廣閱讀。他想起香港作家劉以鬯，是南來文人，且來自上海，於是選取了其名作《對倒》，唸至第十三章，已讀了四十分鐘。他唸得動聽，也很傳神！

為了解決版權問題，他請陳炳釗幫忙，聯絡到劉以鬯太太（羅佩雲女士）。由於錄像是任由觀眾免費欣賞的，故劉太亦慷慨借出版權，不收取版權費。為此，他相約劉太一聚，藉以道謝，而我作為陪客，亦因而認識了他，促成了這次專訪。

謝君豪已有好幾年，沒有在香港演過舞台劇。他透露，「年底，我會為香港話劇團，演《天下第一樓》。」劇本是編劇何冀平的成名作，1988 年在北京人民藝術劇院首演，其後亦曾於香港重演。

這一趟，由司徒慧焯執導，編、導、演構成的夢幻組合，將這齣寫實名劇再度搬上舞台，定必備受注目。

「我只是用不同的
藝術形式，去分享
自己的創作」

專訪 王菀之

王菀之，藝術家。創作路程從音樂開始，2005 年加入樂壇，2006 年
開始活躍於劇場演出。2020 年憑《First Date》獲《第 29 屆香港舞台
劇獎》最佳女主角（喜劇／鬧劇）獎提名，並於《第 31 屆香港舞台
劇獎》憑《Proof 求證》提名最佳女主角（悲劇／正劇）獎。2023 年
底，在完成電影《飯氣攻心 2》的拍攝工作後，隨即與謝君豪、梁
仲恆演出英國劇作家 David Hare 經典舞台劇作品《Skylight 天色》，
並擔任劇本翻譯、監製及女主角。

踏入 2022 年 7 月，忙得一頭煙。如果不是朋友傳來消息，我根本沒留意《Proof 求證》一劇，於 8 月下旬公演。

《求證》是美國劇作家戴維．奧本（David Auburn）的舞台作品，曾獲 2001 年普立茲戲劇獎（Pulitzer Prize）及百老匯東尼獎（Tony Award）「最佳戲劇獎」，可謂來頭不少。

這齣舞台劇，2005 年 7 月在香港公演，由香港話劇團和上海話劇中心聯合製作，分別有粵語和普通話版本。我第一次看《求證》，就是馮蔚衡、周志輝、彭杏英及潘燦良演的粵語版，早已很喜歡這個戲。接着，綠光劇團於第 6 屆（2007）華文戲劇節，來港演出此劇，令人印象難忘。飾演 Catherine 的姚坤君，演技非常出色。多看一次，我更愛此劇。

2014 年，「風車草劇團」再演此劇，邵美君、陳淑儀、劉雅麗、梁祖堯演得投入，亦帶來新鮮感。此番由王菀之（Ivana）重新搬上舞台，與陳淑儀合作，實在很矚目。

專訪王菀之的念頭，亦於此際冒起。她正忙於排戲，時間很難安排，只能透過 Zoom 訪談。

有一段時間，未能在舞台見到她，在電腦熒屏上，她的樣子也沒改變，聲音仍有着小孩般的童音，眼睛一笑就彎彎的⋯⋯

她從小時候創作的第一首歌曲說起，談到她的近作，我們聊了個多小時⋯⋯

成長，快樂的小女孩

「我六歲開始學習鋼琴，自願的，練琴很勤力。除了練習老師所教的樂曲，也彈自己喜歡的⋯⋯甚至彈父母的樂譜，到九歲時，已經考獲八級。」王菀之出身音樂世家，在古典音樂的氛圍中成長，父母是業餘歌唱家，家中經常播放音樂。

「人生第一次創作，大概在六七歲⋯⋯」學琴不到一年，她便嘗試創作，第一首就是《快樂的小女孩》，「只有幾句，可惜已找不到當年的樂譜⋯⋯」談起往事，她娓娓道來。

念書的時候，她已多次參加歌唱、鋼琴比賽，「我在學校非常活躍，做合唱團的伴奏，參加校際比賽⋯⋯在舞台上表演，早已訓練有素。」故此，她從不害怕舞台。

小女孩逐漸成長，聽歌的領域亦逐步拓寬，古典音樂之外，她也聽西方的流行曲，如 Carpenters、Beatles⋯⋯還經常在家中播放父母珍藏的黑膠唱片。「長大後，我會買自己喜歡的唱片回來欣賞，古今中外，甚麼都聽。」

中學時代，王菀之讀的是文科，另加生物科。畢業

上圖：王菀之六歲開始學習鋼琴，是個快樂的小女孩。
下圖：升上大學，王菀之在加拿大選讀經濟。

王菀之

「我只是用不同的藝術形式，去分享自己的創作」

後，她到加拿大升讀大學，選讀的卻是經濟，跟音樂完全無關。「當時哥哥在美國讀工商管理，我們兩兄妹，感情一直很好。父母送我到溫哥華念書，主要因為當地有親友的照顧，入讀商學院較難，而經濟好似接近商科一點，於是我便選擇了它，期待將來可以到美國，跟哥哥一起工作。」其實，她一點也不了解經濟是甚麼。

她強調這是個錯誤的抉擇，「我剛開始上課，便不喜歡經濟，於是選修很多其他科目，如詩歌、心理學、哲學等。」

一年暑假，王菀之回港做暑期工，在銀行的 IT 部門當雜務，工作比較清閒。「有一天，我坐在辦公室裏，抬頭望出窗外，看見是陰天，隨意拿起筆，音樂和歌詞一起湧出來……」結果，她寫成了《我真的受傷了》，其後，還創作了《是一個誤會沒甚麼可悲》。

有同事偶然見到她寫歌，便問她是否喜歡音樂，然後大家相約，跟一班同事去唱「卡啦 OK」……她唱得不錯，同事便介紹她到伍仲衡的錄音室錄歌。

「第一次踏入錄音室，戴上耳機，聽到自己的歌聲，好立體、好清晰，也好震撼！」伍仲衡一聽之下，驚為天人，感到好訝異，立即請她為他寫的歌錄 Demo。

她極快愛上在錄音室的時間，「我好享受錄音，又可以唱新的歌，其實好開心！」回加拿大之前，王菀之也請伍仲衡為她創作的兩首歌，錄 Demo 留念。

｜ 創作，踏上成功之路

帶着愉快的回憶，王菀之飛回加拿大，重返卑詩大學（University of British Columbia, UBC）的校園。料不到，這個暑假，成了她一生的轉捩點。話說有一天，伍仲衡致電給她，問：「你有沒有興趣參加 CASH（Composers and Authors Society of Hong Kong，香港作曲家及作詞家協會）流行曲創作大賽？」

「那時，我其實不知道 CASH 是甚麼，而且只寫了兩首歌，流行曲創作大賽對我來說，是遙不可及的事，也沒有太大信心……」她推辭了，伍仲衡繼續游說，她也不為所動。

伍仲衡真是她的伯樂，為她報名、交報名費，並且附上歌曲的 Demo。結果，她的作品入選，進入總決賽。不

久，王菀之接到 CASH 的電話，問她會否回港演繹自己的作品。

為了飛回香港參賽，她還要向大學申請……為了讓她提早考試，教授要多擬一份卷。如此這般，2000 年，王菀之憑着《是一個誤會沒甚麼可悲》獲得第 12 屆 CASH 流行曲創作大賽冠軍，作品由她包辦作曲、作詞及演繹。奪得冠軍後，不少唱片公司聯絡她。

「我覺得還未準備好，可能是信心不足。」她放棄簽約，選擇返回加拿大繼續讀書。

| 王菀之（左二）奪得第 12 屆 CASH 流行曲創作大賽冠軍

可是，世界從此變得不一樣。「在大學念書以外，我報讀了幾個音樂課程，包括編曲、學習用電腦軟件做音樂、錄音室運作，同時學習打鼓和吹長笛……《是一個誤會沒甚麼可悲》出版 CD，也是由我的老師編曲。」她積極裝備自己，為個人在音樂方面的發展而鋪路，逐步朝目標邁進。

幾年後，她決定回港從事音樂幕後工作。當時，伍仲衡為環球的音樂監製，介紹她入行，負責創作歌曲，但公司老闆 Tony 很欣賞她唱功，於是她由幕後轉向台前，搖身一變，成為創作歌手，公司為她出版迷你專輯。

她的歌曲清新動聽，市場反應相當好。2005 年推出的《Ivana》和《I Love My Name》大受歡迎，她的聲線更被譽為「被天使親吻過的聲音」。

「我信心大增，開始懂得享受音樂的世界……日又寫，夜又寫，沉醉於創作的天地。」創作，成為她生活中不可或缺的一部分。

那些年，王菀之寫出過不少大熱歌曲，是各大音樂頒獎禮的唱作、歌曲、歌手獎常客，曾兩度在紅館開演唱會，在樂壇的發展，成績非常亮麗。

王菀之
「我只是用不同的藝術形式，去分享自己的創作」

| 上圖：《Ivana》唱片封面
| 下圖：《I Love My Name》唱片封面

蛻變，原來自舞台劇

當創作歌手之餘，2010年，王菀之開始參與舞台劇的演出，在「W創作社」的音樂劇《Octave柯迪夫》中，王菀之與張敬軒、梁祖堯等合作，她飾演毒舌護士，並與黃偉文同為此劇創作五首樂曲，包括與張敬軒合唱的主題曲《高八度》，以及《開籠雀》、《小團圓》等。

自此，她愛上舞台劇，「我與小龍（黃智龍）合作後，『風車草』的幾個戲，也預我一份，例如2011年的 *I Love You Because*，還有《小人國》系列4、5、6⋯⋯」她決心要繼續演好舞台劇。

| *I Love You Because* 海報

王菀之
「我只是用不同的藝術形式，去分享自己的創作」

「我很喜歡舞台劇,從排練開始,到正式演出,與一班演員朝夕相對,彼此相處的時間充滿歡樂,仿似進入另一個角色的生活。戲演完了,曲終人散後,我會很期待下一次……」舞台劇的演出,讓她蛻變、成長,再踏足舞台,感覺已經不一樣。

「舞台劇令我重新認識空間,劇劇訓練,探索的就是『自身與空間』的關係,點滴的積累,讓我再站在舞台上唱歌時,空間感完全不同。享受演出之餘,我也非常珍惜舞台劇的訓練,令我學到更多新的東西。」不斷的磨練,她的演技亦得到提升。

2019 年,她與偶像吳鎮宇合作,演出著名的百老匯愛情音樂劇,又是一個嶄新的嘗試。「這位影帝的心願就是演出音樂劇,於是我提議 *First Date*,彼此一拍即合。」劇本的版權購自外國,她自行翻譯,同時擔任監製和演員。

王菀之表示,確定劇目後,整個人輕飄飄的,整件事情仿如做夢,導演是陳曙曦,歌詞由王祖藍改編為中文,參與演出的還有知名演員,如袁富華、余迪偉、鄧志堅、吳鳳鳴等。

「這個班底可說是夢幻組合,整個團隊很專業,大家都團結一致,想做好這個演出,好有團隊精神!」對於此劇,

她亦全情投入。

「我第一次處理如此大型的製作，還要面對複雜的客觀環境……真的學會了好多，也帶來莫大的滿足感。」兼任監製，促使她迅速地成長。

| First Date 海報

王菀之
「我只是用不同的藝術形式，去分享自己的創作」

機緣，全是「神的安排」

　　王菀之演出幾齣舞台劇之後，開始有機會接觸其他的演藝工作。2013 年，她替「無綫」拍攝劇集《老表，你好嘢！》，走入「公仔箱」，破格演出，外界反應甚大，認為她在熒幕上的表現，與原有的形象格格不入。她亦曾在訪問中，道出內心的掙扎，考慮了四個月，走進片場時，仍感到戰戰兢兢。

　　隨後，「我接到吳君如的電話，邀請我拍電影，因為太興奮，我當下毫不猶疑，立即說好！」一口答應後，她才問對方演甚麼角色。

　　「君如找我演《金雞 SSS》中搔首弄姿的妓女，我最初接到一頁劇本，只拍攝一天而已……但我從未演過電影，所以感到很害怕，於是跑去找邵美君，向她求救。」她僅有一天準備的時間，邵老師只好授以幾個錦囊，讓她應急。

　　「第一場拍攝的戲，就在海灘，有不少演員，我的對手原來是『風車草』的 Ah Dee（湯駿業），我開心到不得了，而且也放下心頭大石……全靠他帶我入戲。」拍完第一天，導演鄒凱光和吳君如都感到十分滿意，於是為她增加

戲份，結果拍了十六天。

　　這齣賀歲電影於 2014 年上映，王菀之具備天生的喜劇感，演活了妓女吳璐，大受讚賞。她亦憑此角色，獲得第 34 屆香港電影金像獎的最佳女配角和最佳新演員兩個獎項，以及香港電影導演會的最佳新演員獎、第 15 屆華語電影傳媒大獎的最受矚目表現獎。

　　「這是個難得的經驗，我在實踐中學習，獲益良多，此後，找我拍電影的導演也增多了。」幾年後，在許鞍華導演的《明月幾時有》（2017）中，她演「阿四」一角。這齣

| 王菀之（中）在《金雞 SSS》中飾演吳璐。

王菀之
「我只是用不同的藝術形式，去分享自己的創作」

電影，說的是香港游擊隊抗日的故事，編劇是何冀平，「與名導演合作，我最初也感到好緊張，但我很幸運，對手是Deanie 姐（葉德嫻），大部分的戲與她同場演出。我跟她有說有笑，很快就有一家人的感覺，可迅速投入角色。」

機會接踵而來，讓她得到不同的體驗，她說：「我遇上的機緣，都是『神的安排』！」王菀之一家子都是基督徒，她自小便上教堂、返教會，也常常做詩班的鋼琴伴奏。

《金雞 SSS》之後，除了至愛的音樂，她朝着不同的方向，多線發展。「如果可以，我希望每年都演舞台劇。」她願望成真，2015 年演《小人國 5》，然後是《騷眉勿擾》、《小人國 6》、《等死研究所》……連串的演出，為她帶來極大的滿足感。

│ 夢想，在藝術中展現

近年，王菀之開始推展自己的「藝術計劃」。她表示，「以前，我好享受作為藝術觀眾的樂趣；現在，我會積極去做個 Artist，這是我的夢想！」

「十多年來，我曾作出不少的嘗試；現階段，我清晰地知道，我的夢想就是藝術創作，我的藝術，就是表演和音樂……」

她平日去旅行，花很多時間去看藝術展覽，「例如到日本旅覽，一星期有六天看展覽，欣賞藝術品，可以從中得到啟發，過程中有學習，也可逐步增強自信心，我相信自己有能力創作，可以將作品展覽出來，跟大家分享。」

最近幾年，王菀之踏上藝術創作之路，衍生了很多意念，創造自己的作品，「對我來說，這些作品，核心都是音樂。」她舉辦的裝置藝術展，基本上全由音樂帶動。

「我喜歡音樂，也喜歡詩歌，我運用這些元素，開展個人的藝術之旅。」她強調，「無論是策展，還是在舞台上做監製，也有相通之處。」一路走來，她很努力。

她正在做的一個「藝術計劃」"The Missing Something"，大方向是探討——「人生在某些情況下，失去的是甚麼。這個計劃分不同的章節，每一章道出不同的Missing……」

2021年3月舉辦的展覽《The Pink Room Experience 體驗藝術展》是第一章，與新歌 The Pink Room 同名，主題是「消失的同理心」，探討標籤文化。接着，是12月開始展出

王菀之
「我只是用不同的藝術形式，去分享自己的創作」

《The Singing Canvases 會唱歌的畫布》展覽

的第二章《The Singing Canvases 會唱歌的畫布》。

第三章是《The Missing Frame 消失的一格》,「在記憶中,人很容易忘掉一些『格數』,看似微不足道,卻是應該珍惜的。例如在旅途中,來自陌生人的善意,展覽就從這裏開始……」這個展覽,計劃於 2022 年的 12 月舉行,展期約為五週。

《求證》，帶來不少衝擊

2022 年 8 月底至 9 月初，王菀之將《Proof 求證》搬上舞台，既擔任演員、監製，還兼及劇本翻譯。

談到這齣戲，她坦言，「最早接觸的是電影 Proof（《情來・算盡愛》），我是 Gwyneth Paltrow（桂莉芙・柏德露）的忠實粉絲，看完電影後，我很喜歡這個故事，印象非常深刻。」然後，在 2014 年，她看了「風車草劇團」演的舞台劇 Proof，「台上演出的，都是前輩、朋友，更難忘。」

「在籌備的過程中，先要確定的，不是劇本，而是陳淑儀的檔期。跟他一起演舞台劇，是我的夢想；第二個要確定的，是導演司徒慧焯的時間，最後的協議，就安排在這個時段演出，一年前已計劃好了。接着，才開始選劇本。」

陳淑儀曾提議《不期而遇的男人》（The Unexpected Man），全劇對白不多，主要為個人內心戲的演繹。「我看過劇本，也喜歡。其後，我的腦海，卻湧出 Proof⋯⋯我問兩位老師，有無機會演到？」

「我想選擇一個和以前不同的劇種，所以選了這齣戲，也很想飾演劇中的女主角。全劇只有四個演員，包括女主

PROOF

若需要證明，愛算什麼？

求證

演員：
陳淑儀　吳鳳鳴
王菀之　陳康

導演：
司徒慧焯

日期：
2022年8月25日 - 9月4日

演出場地：
香港演藝學院 - 廖湯慧靄戲劇院
香港灣仔告士打道一號

門票預售：

HK TICKETING
快達票
www.hkticketing.com
Hotline: 31 288 288
快達票將額外收取每張門票的顧客服務費

門票現於快達票售票網公開發售：位於香港會議展覽中心、香港演藝學院、香港演藝學院伯大尼古蹟校園、亞洲國際博覽館、九龍灣國際展貿中心、D·PARK愉景新城及K11 Select的售票處，以及指定通利琴行。

主辦：

© Ivana Music Limited
All Rights Reserved

by David Auburn

《Proof 求證》一劇，於 2022 年 8 月公演。

角 Catherine、父親 Robert、姊姊 Claire，以及 Robert 的前研究生 Hal，透過簡單的對白，交代這四個人之間的關係和感情⋯⋯你以為是無條件的愛、信任、包容、體諒、欣賞，原來可以不存在。女主角冷冷的外表之下，隱藏着很多難過與委屈，她作出的選擇，在外人的眼中，可能很傻，也很浪費，但對她來說，卻是理所當然的，沒有第二個選擇，剖析這個女孩子的內心世界，有很多的層次⋯⋯」Catherine 的戲，確是很難演，對王菀之來說，應該是個考驗。劇本確定後，她才找其他演員，「例如吳鳳鳴在 *First Date* 中，曾演過我的姊姊，我很懷念那段日子，所以找她合作。」

她坦言，「我對翻譯很有興趣，喜歡親自將英文劇本翻譯成廣東話。那段時間很忙，翻譯對我來說，反而是休

| 在《Proof 求證》中，王菀之演出 Catherine。

王菀之
「我只是用不同的藝術形式，去分享自己的創作」

息。幾位演員都是我邀請的，已合作過，翻譯時，有很多想像空間，腦中響起他們唸對白的聲音，我可將語氣寫進台詞中⋯⋯」她花了兩星期，幾乎日以繼夜地，翻譯了三萬多字。

頓了一頓，她繼續說：「我們已圍讀了幾次，邊讀邊修改對白，演員對於角色，有自己的演繹和看法，也會影響語氣。劇本已完成第三稿，今天開始排戲。」

「導演要求我們背熟整個劇本的對白，才開始排練。我有一個問題，未排戲，無動作，無台位，如何記對白⋯⋯四個演員中，我最擔心自己。」她笑着說。

一切，都是個人選擇

「若需要證明，愛算甚麼？」正是《Proof 求證》一劇的主題。

現實生活中的王菀之，與蘇卓航（Eric So）已結婚六年多了，說起他，她瞇起彎彎的眼睛說：「我的另一半，給予我的靈感和創作勇氣，超乎想像的多。」

| 上圖：2015 年，王菀之與蘇卓航結婚，兩人同樣熱愛藝術創作。
| 下圖：王菀之和父母的合照

王菀之

「我只是用不同的藝術形式，去分享自己的創作」

「他是個非常勤力、很專注的設計師。我很喜歡看着他工作，那種專注很迷人，他可以完全不受任何東西影響，所以他的作品才會那麼漂亮……」王菀之自言，遇上他，實在太感恩。

她由衷地說：「他是我的學習對象，在他的身上，可以學習到很多。當我感到困惑、迷失之際，他是我的導師，也是我的力量。」難得兩人同樣熱愛藝術創作。

從小到大，王菀之和父母的感情很好，2022 年 6 月，她為父母籌辦五場「天使聲樂團古典音樂會」，身兼投資、主辦、創作總監、監製、鋼琴伴奏及音樂總監六職，替爸爸媽媽、他們的唱歌朋友，以及自己一償素願。

在演藝的道路上，她曾作出多方嘗試，也曾感到惶惑、困擾，可是，今時今日的王菀之，已不再迷惘，她努力學習運用不同的媒介，分享自己的意念和想法。

她期望，可以選擇不同表達方式，去分享自己的想法，用不同的藝術形式，去分享自己的創作、自己的理念、自己的訊息。

一切都是個人的選擇，正如她挑選了這齣舞台劇——《Proof 求證》。

心繫地質尋夢想
胸懷萬壑山水情

專訪 陳龍生

陳龍生，香港地質學家。曾任教於美國威斯康辛大學及香港大學，教授地球科學。強調野外考察和學識的應用性，科研經歷遍及美國、澳洲、塞浦路斯、中國大陸及台灣、南極洲、冰島和格陵蘭等地，亦曾發表多種應用於工程和環境勘察的地球物理技術。現為加州大學柏克萊分校地球與行星科學系客席教授。

自小喜歡山，一直與山有緣，不是住在山上，就住在山邊。從小到大，行山，成了我生活中不可少的一部分。

　　香港總面積一千一百平方公里，山嶺比平地要多。沒有了山，便成不了香港。

　　山，究竟是如何形成的呢？小時候，也曾浮起這個疑問，但得不到答案。可是，我不懂得繼續追尋下去。

　　地質學家對石深感興趣，也許，他們最關注的，是石頭的背後──地球的故事。

　　我不懂地質學，卻喜歡石，迷戀石頭，最愛跟着學校的地理老師到處去，東平洲、蒲台島⋯⋯作「野外考察」。

　　前幾年，認識了陳龍生教授，他是香港大學附屬學院的校長，也是地質學家，曾任教於港大的地球科學系，長達二十多年之久。

　　其後，無意中買到了《香港地質瑰寶》（2014），簡直喜出望外。封面是畫家江啟明的水彩畫《火山岩柱》，極具生命力和感染力。陳龍生教授以淺白扼要的文字，介紹很多香港獨特的地質結構，深入淺出地解說地質的成因和構造，書中還有不少考察時拍攝的圖

片，最難得的，是他的速寫手記、親筆繪圖。他希望透過多年考察的紀錄，讓大家認識香港地質的特性，編寫此書的心願，就是「百年之後，我們的後代仍能看見與今時今日一模一樣的地質景觀」。

捧着厚厚的一大本書，我一頁一頁翻閱下去，沉醉在香港的地質景觀中，恨不得即時揹上行囊，跑到不同的地域去。東平洲、印洲塘、赤洲、火石洲、橋咀洲、橫瀾島、蒲台島⋯⋯ 欣賞不同的地質風貌、山水清音，也可觀雲影飄浮、看飛鳥展翅、聽風聲低吟⋯⋯

早就計劃訪問陳教授，可是，他實在很忙⋯⋯直到 2022 年 7 月初，側聞他將於 8 月底離職，而附屬學院的同事，為歡送他而舉辦 Boat Trip，則安排在 7 月的最後一天。

幸得他邀請，我隨團出發⋯⋯訪談就在東龍洲、蒲台島，以及渡船上進行，可謂別開生面。

走在路上、山頭、岸邊，坐在船上，以至吃午餐之際⋯⋯陳教授從當年說到今天，滔滔不絕地，談了好幾個小時。

與山結緣在童年

　　陳龍生自言，「小時候住在慈雲山屋邨，從小就喜歡往山上跑⋯⋯」望着高高的山，念小六時，他已經懂得追問「山是怎樣形成的呢？」身邊的大人也答不出所以然。好奇心驅使下，他自行找書閱讀，才知道有些山的形成，是由於火山的作用，也有些山，則是由大地折曲而成的。

　　書，成了他最好的朋友。1968 年，升讀九龍華仁書院，放學後，他總愛跑到學校附近、窩打老道的市政局圖書館，借閱有關地質的書籍。他還記得，其中有一本叫《普通地質學》，是英譯本，他看得津津有味，後來才發現，此書乃外國大學地質學的主修科用書。

　　其中有一類書籍，主題有關「大陸板塊漂移」的，對他特別有吸引力。地球大陸就好像一塊拼圖，他很想知道，「究竟這麼大的板塊怎樣漂移的呢？哪來這麼大的動力？」就在中二這年，帶着一籃子的疑問，他下定決心，將來一定要成為地質學家，幾乎連研究題目也擬好，那就是「古地磁和大陸漂移」。

　　中四時，有一天，他放學後，走到奶路臣街一所舊書

陳龍生（前排左一）自小立志當地質學家，完成地理系的學位後，前往美國加州大學柏克萊分校繼續進修。

店「打書釘」，翻到一本 1963 年出版的舊書 *Principles of Physical Geography*，作者是 Francis John Monkhouse，近六百多頁的巨著，標價三十三元。他雖然愛不釋手，但身上沒錢，只得無奈放下。

為了儲錢買書，他每天花個多小時，從慈雲山步行回學校上課，把車錢儲起來；午餐也草草了事，花五毛錢吃碗麵便算一頓，盡量省錢。「我實在很『發燒』，隔天便會跑到書局，看看這本書是否還在，擔心有人捷足先登。回想起來，那個年代，怎會有其他人對這本書感興趣？」努力一番後，他儲的錢仍不足，結果，還要從哥哥的錢罌中，偷偷取出七元，才可將這本「天書」買回來。

捧着這本書，他如獲至寶，不知看了多少遍。遇上不懂的概念，也沒有人可以請教，唯有生吞活剝，死記硬背……其實，此書是大學研究院的用書，他已更上一層樓，自動跳班了。

在「華仁」時代，同班同學特立獨行、各有性格，他分享了一件「逸事」。話說六七十年代的香港，在舊式茶樓天花板上，茶客可掛上自己的鳥籠，「我們幾個同學，也想在班房中掛上鳥籠養雀，由於買不起彩雀，於是買回一隻鵪鶉，改名『本雀』，並嘗試將牠改造，先教牠學習飛行，成

功後，又教牠習泳，幾乎將牠浸死，施以心肺復蘇法急救，居然起死回生……」幾番折騰後，鵪鶉終於一命嗚呼。不過，他們卻為本雀辦了場喪事，瞻仰遺容後，將牠製成標本，同學雷武鐸文采斐然，還撰寫了一篇〈本雀出生誌〉。

「為表哀悼，我們舉行了一個儀式，將鵪鶉標本與悼文，同埋於校園一角。我還記得埋在甚麼地方，如果發掘出來，那就成為時間囊，呈現了那個年代的歷史。」

率性而為求理想

1974 年，陳龍生考進香港中文大學，選讀地理系，因為系內有一半科目與地質學相關，而他亦可跨學院修讀物理、化學等科目，為地質研究打好科學基礎。他說：「研究天氣、地震、地球磁場，甚至岩石或山泥傾瀉等專題，全需要物理、化學和數學方面的知識。」

然而，「地理」始終不是「地質」。當時的老師譚世榮博士，一再鼓勵他出國進修地質學。「我受譚博士指導不少，可能是他在中大唯一成功培育的地質學家。」可惜這

位老師因腦癌英年早逝，對於恩師，陳龍生一直銘記於心。

在中大崇基學院完成學士學位後，他便到了美國加州大學柏克萊分校（University of California, Berkeley）繼續進修，正式展開了探討地質科學之旅。

「以前讀地理，只有一兩堂教授石頭，但進入加州大學後，僅是岩石學，已有四五科之多。忽然間，眼界拓寬了很多。」海闊天空，任他遨翔，談及往事，雖事隔四十多年，其興奮之情，仍溢於言表。

「到外國留學，雖然有獎學金，但也感到吃力。」初抵美國，身上只有父親給他的美金一千元，為了賺取生活費，他只好四出尋找兼職。

「我不惜破釜沉舟，將一千元美金寄回給爸爸。然後四出叩門，拚命找工作。」皇天不負有心人，他找到了繪圖的工作，得以維持生計。「我自小喜歡繪畫，技巧還算不錯。」他出示了當年的作品，有圖畫，也有為同學、朋友設計的婚卡，看來蠻有創意！

陳龍生的目標很專一，「那些年，最好的出路是打政府工，或進入商界，至少也當個中學老師。當人人都朝着同一方向走，而我卻選擇了向橫走，甚至往相反方向走，我也曾懷疑過自己的選擇是否正確，慶幸最後沒有動搖。」

陳龍生
心繫地質尋夢想，胸懷萬壑山水情

他最大的信心危機，就是走進研究院的時候，「我確實有點徬徨，身為外國留學生，未必可以繼續在當地居留及工作，而自己所學的，香港卻沒有這項專業，回香港謀職，相信比較困難。」

「我最感興趣的研究專題，一直也是大陸漂移。」念研究院之初，陳龍生希望返回中國大陸研究中國的板塊構造，作為論文的題目。然而，在 80 年代初，板塊理論仍是個很新的題目。

1980 年，他以美國大學研究生的身份，到中國交流。那時，中國剛開始改革開放，學術氣氛仍比較保守。據他描述，「在文章第一段，必須說明自己的發現如何符合唯物辯證法……否則文章難以發表。」

此外，最令他困擾的，是野外考察。對地質學來說，野外考察、採集標本，是研究工作的靈魂。可是，他為了在中國進行野外考察，要經由美國的國家科學顧問，寫信給中國副總理，請他出面安排。「縱使如此，我也要呆在北京大學六七個星期，經過重重關卡，才能外出進行第一次考察。」他也明白，當時的中國，客觀條件尚未成熟，只好把研究方向轉向意大利，因為他的老師 Walter Alvarez（沃爾特・阿爾瓦雷茨），正在研究意大利的岩石。

破解恐龍滅絕謎

　　Walter Alvarez 不單是地質學家，也是科學界響噹噹的人物。其父 Luis Walter Alvarez（路易斯・沃爾特・阿爾瓦雷茨），是曾獲諾貝爾獎的物理學家，父子兩人，合作解開了恐龍滅絕之謎。

　　在 1970 年代初，Walter Alvarez 在意大利一個中世紀的山城 Gubbio（古比奧）附近，進行地質考察時，發現一層淡紅色的石灰岩沉積，而這層岩石的年齡，正是六千六百萬年前恐龍滅絕時形成的。兩父子合作，對這些岩石作出精確的化學成分分析，結果顯示，在當時有一顆隕石撞向地球，導致地球上所有恐龍，以及其他百分之七十的生物，在同一時間消失。

　　當年，陳龍生就是 Walter Alvarez 在加州大學的第一個學生，作為老師助手，協助他進行這個研究，清楚知道這次撞擊的威力。

　　在八九十年代，主要的科學研究，包括地質學、天文學、地球物理學、生物學、化學等，差不多所有科學，都受到這個研究的影響。研究不單破解了恐龍滅絕的原因，

陳龍生
心繫地質尋夢想，胸懷萬壑山水情

上圖：陳龍生和老師 Walter Alvarez，攝於 1981 年的意大利噴水池。
下圖：兩人於同一地點，攝於三十年後（2011 年）。

亦發現地球曾經出現多次生物滅絕的事件，把科學家的視點，擴闊到太陽系在地球附近為數眾多的小行星，它們不時都會撞向地球。另一方面，由於研究需要分析岩石的成分，結果發展了很多先進的地球化學方法，可以更快速地找到岩石內含有的稀有元素。

那些年，美國和前蘇聯仍處於冷戰時期，這次隕石撞地球的研究，給予人類一個很大的啟示。「這種撞擊的威力，就等於地球所有核彈的總和，於是有了 Nuclear Winter Scenario（核冬天設想）的說法。如果美蘇發生核子戰爭，對世界造成的影響，相當於六千六百萬年前隕石撞地球的事件。」

| 陳龍生攝於意大利古比奧的白堊紀─古近紀界線，他曾於此地協助 Walter Alvarez 研究恐龍滅絕事件。

陳龍生
心繫地質尋夢想，胸懷萬壑山水情

地球科學遂心願

1984年，陳龍生畢業後，在美國威斯康辛大學（University of Wisconsin）一所分校任教。可是，他心底裏，卻希望回港設立地球科學系，「當時已是九十代，但香港專上學院卻仍然沒有地質學系。以前，說起山泥傾瀉，必須找外國的專家，或是由英國地質局調派專業人員來進行調查。」他強調，香港必須培訓本土的地質人才。

至1993年，他偶爾聽聞香港大學準備成立地球科學系，於是寫信詢問有關情況，卻沒有收到回音。「到7月，我在美國進行野外調查，家人忽然打電話來，要我準備個人的履歷。那時，我正在山頭野嶺考察，好不容易才找到昔日教授的推薦信寄出。」接着，又石沉大海。「直到11月，我已幾乎把整件事忘掉的時候，才收到香港大學的電報，要求我數星期後到任。結果我延遲了一個學期，才正式到港大履新。」

那時，社會上有識之士，大都認為訓練本地的地質人才，是當前急務。香港政府亦作過調查，指出未來十多年，地質人才的需求將會很穩定。結果，香港正式成立了

第一個的地球科學系，也圓了陳龍生的夢想。

他在 1994 年回到香港，準備進入港大任教地質學，但未及開學，就遇上西環觀龍樓山泥傾瀉，釀成五死三傷的慘劇。翌年，又發生柴灣翡翠道及深灣道兩宗山泥傾瀉，導致市民傷亡事件。

觀龍樓事件後，政府邀請了幾位專家，其中包括李焯芬教授，做了一個顧問報告，報告中建議有關當局應該和大學加強合作，研究利用地球物理的方法，探測斜坡和護土牆的穩定性，並進行風險評估。由於陳龍生所教的正是地球物理學，所以土力工程處就請他加入研究的籌策委員會。

這項研究，成了工程界一個非常特別的個案。由 1995-1999 年，他們終於找到了一些可行的方法，作為承建商評估斜坡穩定性的指引。

另一個更大的災難，就是 2004 年南亞地震引發的海嘯。這次地震發生在 12 月 26 日，「我和家人剛好在 12 月 23 日從布吉回港，我們居住的酒店，正位於海灘的第一排。在地質時間，相差兩三天，就只有一條髮絲這麼幼的分別。」這次災難後，陳龍生和李焯芬教授，與內地有關單位進行了幾次會議，希望在南海地區，建立一個海嘯預

警的機制。

　　陳龍生和他的研究生，其後發表了一篇文章，研究華南地區歷史上的海嘯。「我們主要研究，歷史上是否曾真正發生影響過香港或南海的海嘯，因為一些海嘯可能只是風暴潮或其他事件。」

　　「曾有報道，指出海嘯曾在廣州造成三萬人死亡，但我們到北京國家圖書館尋找原始文獻，發現可信的海嘯其實很少。唯一的一次，較為可信的，記錄在《同安縣志》。在 1918 年左右，發生過一次應該是海嘯的事件，縣志中記錄當時巨浪來襲之前，海水退得很遠，這是海嘯的一般現象。」

　　那麼，香港發生過海嘯嗎？他斬釘截鐵地回答：「事實上，從未發生過。」

｜ 禍起無端唯天問

　　頓了一頓，陳龍生繼續說，「許多自然災害，由隕石撞地球，到地震、海嘯，以至山泥傾瀉，也與我的研究有

關，包括 2003 年的『沙士』。」

當時，香港政府的首要任務，除了醫治病患者，更重要的，就是防止疫情進一步擴散。由於「沙士」是由外面傳入，出入邊境旅客的防疫工作，更是刻不容緩。

「沙士」爆發後不久，李焯芬教授接到董建華先生的電話，問有沒有人懂得「紅外線測溫技術」，政府想以它作為檢疫的方法。李教授知道陳龍生研究護土牆倒塌時，曾在斜坡工程上使用過紅外線探測，於是，他找到了陳龍生，並在第二天帶同儀器，前往特首辦公室，向董先生示範。

董先生立即決定要用這個方法，但這副儀器價值三十萬，從來沒有人會用這樣昂貴的儀器來量度體溫，於是着令衛生署官員，與港大合作，立即進行研究。「我們花了幾個星期，馬不停蹄地，在衛生署轄下的一間診所，以及在瑪麗醫院進行測試，嘗試用不同方法測探，很快取得百多宗個案的數據，還向衛生署提交了一份報告。」最後，政府決定使用這個方法。

「接着，我們跟機管局工程部同事，在機場安裝一個自動探測系統，設計了一個類似門框式探測器，當人們穿過門框，如果發燒的話，紅燈就會亮起。」機管局本來很喜歡這個構思，但衛生署已決定向新加坡購入探測儀器，結

果沒有採用這個設計。

2003 年，香港被「沙士」殺個措手不及，導致人心惶惶，社會陷於崩潰邊緣。當時大家各師各法，希望盡快找出解決方案，根本沒有時間進行詳細的測試。

可是，陳龍生卻有點耿耿於懷。「沙士」之後，「我和醫學院的張文勇教授和 Prof C. R. Kumana 談起，一致認為『沙士』時期，沒有經過詳細的臨床測試，於是便向衛生署申請研究撥款。」他們把儀器放在瑪麗醫院的急症室內，幾個月來，取得了接近一千七百多個可用的數據，對象包括男女，有不同年齡組別、不同膚色的人種，藉此研究紅外線體溫探測儀的成效如何。

「研究進行得十分細緻，測試甚至包括運動前後，或是化妝的濃淡，看看這些因素會否影響探測的讀數。從來沒有其他學者，如此細緻地研究這種探測方法。我們的文章，其後在醫學期刊上發表，並獲香港醫學雜誌頒發 Best Original Research Award（最佳原創研究獎）。」醫學雜誌的獎項，竟然由一個地質學家去獲得，似乎有點不可思議，可見今天的科學，其研究涉獵領域的廣泛性。

「這個方法的成效其實很低。」陳龍生道出研究結論，確實令人感到有點意外。

其後出現的伊波拉病毒,很多口岸仍是採用這個方法測試。談到這裏,他語重心長地說:「我們曾經在醫學雜誌上提出警告,指出其成效甚低,千萬不要過分信任它能夠把關,否則可能帶來嚴重的後果。」

汶川大地震之前,陳龍生和法國地質研究院,合作研究四川龍門山脈的地質。他們由成都穿過龍門山,拉一條線到達丹巴的位置,沿途裝置儀器探測微地震的活動。

這項研究,目的是考察龍門山的地質構造,剛好在2008年完成,就在清拆儀器後,當地便發生了八級的大地震。「我們研究的範疇之一,是整條路線的重力場,以及一些地球物理的數據。地震令地殼發生了很大的變化,導致某些地方的地面,在五十秒之間,上升幅度達六至七米。」

地震後,陳龍生獲得研究撥款,即時在同一條線上,量度地震前後的地球物理參數變化。汶川地震固然不幸,卻為他提供了重要的研究數據。

他指出,「事前的研究,並沒有發現地震的先兆。」雖然地球科學在地震成因、地殼構造、抗震工程等方面有很大成就,但地震學家研究數十年,至今仍未能掌握預測地震的有效方法。

陳龍生
心繫地質尋夢想,胸懷萬壑山水情

上圖：2008 年汶川大地震，令地殼發生了很大的變化，地面可以在五十秒之間，形成四米高的山崖。

下圖：汶川發生八級大地震，導致步道裂開隆起。

上下求索覓新知

陳龍生在港大任教地球科學系多年，今天的香港，不少的地質專才，都是他的學生。為了帶領學生進行野外考察，親身探索山石的奧妙，他付出了自己假期、私人時間。在教學的過程中，他積極地引導學生思考，讓他們學習觀察、學習描述、學習推論，學習驗證……可謂誨人不倦。

至 2014 年，他進入香港大學專業進修學院，擔任附屬學院的校長，邁向新的里程。他提出「寓學於樂」的主張，開拓全天候學習模式，在課堂中注入更多的外展考察、服務實踐，以及「項目為本」學習，讓學生衝出班房、走到野外，踏進社群、步入職場，親身實踐所學所識，體驗式的學習理念，跟他以往的教學方法，可謂一脈相承。

數十年匆匆過去，直到今天，他對地質學的熱情絲毫未減，教學之餘，還經常帶團到野外考察，為的是讓更多人認識我們的地球。

就像這一趟，他沿途向我們講解地質結構的特徵和形成過程，在解釋複雜理論之時，偶爾還會加插一兩個笑話，逗得大家哄堂大笑，他又若無其事地繼續說下去。

陳龍生
心繫地質尋夢想，胸懷萬壑山水情

| 陳龍生與學生 Denise Tang 在加拿大洛磯山脈討論地質學

走在山間路上，他隨手從地上拿起一塊石頭，興致勃勃地解說，「縱使你不懂得這顆石頭的名字，但也可以描述它的顏色、重量、硬度、光澤……這些都是重要的物理和化學參數。觀察很重要，最簡單就是顏色，包括顏色是否一致，表面看來，它是粗還是幼？此外，單憑手感，也可以感受它的重量，還可以運用嗅覺，一些有機質的硫磺是有臭味的……」乍聽起來，有點像寫作訓練，中文老師指導學生運用五種感官……觀察入微、抓住特徵，同樣都是不二法門。

為了研究，陳龍生的足跡遍佈全球，曾經歷過不少驚險之事。「在美國教書時，我曾帶學生到 Montana（蒙大拿州）做研究，有一次，我駕着車，與另一學生，無意中鑽進荒廢了的火車隧道，怎知裏面鋪上厚厚的積雪，車被卡住了，我們只得棄車而走。當時沒帶電筒，伸手不見五指，唯有摸黑向前爬行。」爬了一公里，終於看見一點光，他們朝着那唯一的光源，再爬了四十多分鐘，才脫離險境。

回到住宿的地方，其他學生竟然哇哇大喊，提出抗議。「他們說這麼好玩的探險，為甚麼不帶他們一起去？」他笑着補充。

另一次在意大利偏遠的海灘，「我一腳踩着破玻璃樽，

腳板被割開，流血不止，還要游泳十分鐘，才能回到艇上，再划艇回碼頭。到醫院後，醫生說腳掌不能麻醉，唯有忍痛縫了八針。醫生以為中國人都是李小龍，不怕痛，其實我卻是痛得要命，只好大笑……」

還有一趟，陳龍生跟死神擦身而過，他帶隊去台灣考察，其中一項活動，就是沿河划艇觀察地貌。豈料急流把學生的艇沖翻了，有學生被困在艇下面，他立即下水幫忙救人，卻被急流沖走，身上的救生衣也被卡在河底的兩塊大石之間。洶湧的水流在他頭上不斷流過，他嘗試掙扎，

| 陳龍生攝於蒙大拿州最古老的疊層石前

| 陳龍生攝於遠山積雪的冰島

陳龍生
心繫地質尋夢想，胸懷萬壑山水情

卻一點都動不了……「我沒感到害怕，平靜間閃過一念頭，原來一生的終結，就是如此。」幸好水流不斷沖擊下，卡着的地方最後鬆開了，他才得以脫身，可真是命懸一線。

他邊說邊笑，好像描述的是別人的故事，歷年多少驚險事，大抵都付談笑中。

踏遍青山人未老

別以為研究地質的人，多半嚴肅刻板，陳龍生實在很健談，也善於說故事，可說是妙語連珠。

大夥兒吃午飯的時候，他還說起一些「靈異」事件，發生在荔枝莊，他經常帶學生前來此地考察。話說有一次，他住宿在明愛小塘營，半夜因腳趾疼痛而醒來，原來被蜈蚣所咬，他一怒之下，將蜈蚣殺死，分為兩截，並拋至遠處……豈料，第二天醒來，竟在床上，發現那具蜈蚣屍體，就在他身旁。另一次，他在睡前，將換出來的衣服包好，拋進床底，翌日醒來，原來的枕頭不翼而飛，卻代之以那一包充滿汗臭味的衣服。

既然他言之鑿鑿，大家也就「姑妄聽之」吧！

陳龍生卸任後，將於 9 月中旬，遠赴美國，跟隨他當年的老師 Walter Alvarez 繼續做研究。「幾個月後，我會回來，因為在香港，仍有未完成的研究項目。」

也許，追尋學術的道路，永遠都是漫長而孤單的，「你可以選擇跟大隊走，因為有安全感，但你甘於做羊群裏的其中一隻嗎？走另一條路，或者會遇見意想不到的風景。」他如是說。

「路漫漫其修遠兮，吾將上下而求索」——在鑽研地質的旅途上追求探索，正是他的人生目標。一路走來，踏遍青山人未老，願陳龍生教授在未來的研究中，看到不一樣的風景！

陳龍生
心繫地質尋夢想，胸懷萬壑山水情

｜左圖：陳龍生在台灣玉山遠足
｜上圖：陳龍生攝於香港第一「褶皺」（由於地殼運動，岩層受到擠壓而
　　形成的波狀彎曲）之上

事筆宜詞音樂劇
行文雅妙趣俗鄙

專訪 岑偉宗

岑偉宗，作詞人。主力創作音樂劇及舞台劇，同時也翻譯戲劇及歌詞。其詞作散見於電影、電視及流行曲，是少數同時涉足正統、流行、影視、舞台界別的專業填詞人。曾獲台灣金馬獎、香港電影金像獎、CASH 金帆音樂獎，四奪香港舞台劇獎最佳原創曲詞，並於 2023 年獲得香港舞台劇獎最佳填詞。填詞作品包括話劇《大狀王》（2022）、音樂劇《日新》（2023）、電影歌曲《獅子王》（2019）及《魔雪奇緣 2》（2019）等。著有《音樂劇場・事筆宜詞》、《半步詞：由音樂劇到跨媒介的填詞進路》及《粵寫粵順戲：岑偉宗劇作選》等。

岑偉宗，是香港資深填詞人，自九十年代開始填寫歌詞，從早年的《城寨風情》，至近年的《四川好人》、《頂頭鎚》、《一屋寶貝》、《情話紫釵》、《奮青樂與路》……他負責填詞的音樂劇，作品為數不少。

　　跟他面對面聊天，是在 2019 年底。在扶輪社主辦的第 1 屆香港青少年微小說創作比賽「回憶。禮。」中，我和他都是評判，大家一起開會時，共同討論評審標準。

　　當時，已有計劃訪問他，可是風雲變幻，疫情蔓延，一直未能結緣……

　　直到最近，由於音樂劇《大狀王》上演，他剛好跟太太淑嫻回到香港，我們相約在西九的戲曲中心，暢談了四個多小時，從小時候開始聊起，說到舞台劇、音樂劇……還有填詞心得、語感層次，以及未來計劃。

初中一，緣結舞台劇之始

　　岑偉宗祖籍廣東順德，生於廣州，他是獨生子，五歲時移居香港，「當時，我跟母親坐火車來香港，從尖沙咀火車站走出來，鐘樓好漂亮，印象很深刻……」父親幾年後才來港團聚。

　　為了謀生，父母忙於工作，無暇照料他，將他送往調景嶺的鳴遠學校念書寄宿，「從小四到小六，是人生中最快樂的一段日子，主要是因為有同伴。」就在那幾年，他學會與人融洽相處，結交朋友。

　　「晚上六十個學生一起睡大通鋪，有上下兩層，熄燈後，門就鎖起來……住在學校，兩星期回家一次，不回家的週末，隨老師去爬山，又跟同學去游泳，鍛鍊體魄，我覺得很快樂。」宿舍有聖誕聯歡會，也有歌唱比賽，他很享受在台上表演的感覺。

　　那時，像其他的男孩子一樣，他最愛看漫畫，例如黃玉郎的《龍虎門》。「我喜歡在練習簿上，畫漫畫、寫故事，在班上傳閱……還改寫歌詞。」他第一次改寫的，就是區瑞強的《陌上歸人》。

升上中學後，他不再看漫畫，「我戒看《龍虎門》，有一段時間，最喜歡閱讀《好時代》雜誌。」他愛聽日本歌，迷上澤田研二，「他的表演非常好看，眼睛好迷人……退而求其次，才是西城秀樹。」

從中一開始，岑偉宗就加入學校的劇社。「在劇社，我找到了個人的身份認同，而且有一種與眾不同的感覺。」1981年，他第一次踏台板，就在藝術中心的壽臣劇院，他還記得，「學校劇社參加聯校戲劇比賽，劇本是師兄寫的，我演偵探。」當時的導師是張任兒弟，是音樂劇演員張國穎的母親，「張太很好，無為而治，放手讓我們去搞活動。」

| 岑偉宗（前排左一）聯校戲劇活動時代相識的朋友

岑偉宗
事筆宜詞音樂劇，行文雅妙趣俗鄙

他是劇社的活躍份子，至中二，已代表學校參加聯校戲劇活動的籌委會，認識了不少來自其他學校的朋友。「我的成長，建立於聯校的友誼中，同時，我也很適應這種社交模式。我們的友情，一直維繫至今時今日。想不到聯校活動，給予我一個很好的『歸宿』。」中四那年，他還寫了一個劇本《虛榮醉》，「劇名是否好『老土』？」他笑着說。

　　中五會考後，1985 年，他投考香港演藝學院的戲劇學院，豈料對手太強，「我怎能與黃秋生、姚潤敏等猛人競爭？不獲取錄是意料中事，唯有垂頭喪氣回去讀中六。」由於原校沒開設文科班，他轉往九龍工業學校念預科，亦加入了劇社，導師是鄧偉明老師，「當年參加聯校戲劇比賽，劇本是師弟寫的，我還拿了最佳導演獎。」他繼續說下去。

　　「念中六時，要讀會計、地理、經濟⋯⋯我完全跟不上。」一年後，他再報考香港演藝學院，結果又名落孫山。

　　預科時，岑偉宗已開始在香港話劇團做兼職，「我擔任舞台助理，在後台工作，搬佈景板⋯⋯認識了不少『話劇團』的演員。」

　　高考放榜，他考得最好的是中文科，進了香港浸會大學念中國語言文學系，順理成章地加入浸會劇社。自此，

他開始嘗試寫劇評，曾投稿《年青人周報》，豈料稿件獲得刊登。為了免費門券，他單刀直入，致電《信報》文化版編輯，詢問對方可否用報館的名義索取傳媒票，讓他觀看演出，編輯說「取了票就要交稿」。就這樣，他在大二時，以張近平為筆名，開始在《信報》撰寫劇評。

「每週看戲、寫劇評，迫使我認真去看舞台劇，然後透過思考、構思，將觀後感寫出來，這是很好的訓練。」其後，他愈寫愈多，文章散見於《信報》、《越界》及《經濟日報》等報刊，也曾是《文匯報》戲劇評論專欄作者之一。

音樂劇，邁向心靈的歸宿

1991 年畢業後，岑偉宗當上了中文教師，「最初，我不懂教書，完全是摸着石頭過河……」到第二年，他跑到香港大學讀教育文憑，遇上了謝錫金博士，「他為我開拓了全新的教育視野，從他的身上，我學到了甚麼是教育！」他認識了認知心理學，還應用在教學中，「在課堂上，我學會了寓學習於遊戲，不再硬生生地要學生聽我講書，我跟他

們溝通，激發他們的思考和想像⋯⋯學生開心到不得了！」

1995 年，他毅然辭去教職，跟隨謝博士念哲學碩士，在大學做研究助理。其論文題目為「香港專業舞台劇作家寫作思維過程模式研究：構思及衍生意念」。

「我覺得謝博士的理論，適用於劇場，教育不是自說自話，戲劇也如是，台上台下需要溝通，觀眾的反應好重要。」岑偉宗強調教育經驗奠定了他日後「心靈的歸宿」。

另一方面，他仍然對戲劇念念不忘，修讀了浸大校外進修部的「戲劇文學」證書課程。「盧偉力剛從美國取得博士學位回來，搞了這個一年制課程，導師眾多，有張秉權、陳捷文、洛楓、陳守仁⋯⋯讓我可以系統地學習。我沒有受過香港演藝學院的洗禮，可以藉此建構自己的戲劇知識。當時，我還寫了一篇論文〈論老舍《龍鬚溝》的戲劇結構〉，曾投稿內地的戲劇期刊，並獲得刊登。」其勇於嘗試，於此可見一斑。

他也曾大膽地毛遂自薦，致電編劇杜國威，主動要求對方給他機會，參與協助音樂劇《城寨風情》的填詞工作，那是 1994 年。《城寨風情》的成績很亮麗，在舞台填詞界，岑偉宗找到了方向。

2001 年，他為《聊齋新誌》填詞，出色的表現，吸引

了毛俊輝找他為《還魂香》（2002）填詞，令他的填詞事業，更上一層樓，連黃霑也稱讚他：「中文根柢好，詞寫得好，寫詞而又有這樣中文根柢的，現在很少了。」

在香港大學念完碩士後，岑偉宗轉職成人教育機構，並於專上教育機構兼職導師，如香港演藝學院戲劇學院、香港公開大學的語文及教育學院。在明愛專業及成人教育中心任教時，學生楊偉倫（阿卵）等替他改了個綽號——岑爺，因為當時亞視的高層有位沈野先生。本來這只是個暱稱，後來口耳相傳，新相識的朋友，人人都這樣稱呼他。

多年來，他一直參與「丁劇坊」、「湛青劇社」等業餘劇社的演出活動，從導演到燈光，台前幕後，甚麼都做。直到 2002 年，他不再參加業餘劇社，專心填詞的工作。

2003 年，岑偉宗跟做時裝生意的女友結婚，至 2006 年，在太太的支持和鼓勵下，他全職填詞，自此，走上了專業填詞人的不歸路。

「歌詞在戲劇中，並無獨立的生命，它只依附着戲劇生存。」當岑偉宗開始愛上填詞時，曾有研究戲劇的學者如此說。在當時的劇壇，填詞一直不獲重視。香港戲劇協會主辦的香港舞台劇獎，到了第 21 屆才設立最佳原創曲詞獎，由《一屋寶貝》獲得；其後，直到第 29 屆才設立最佳

岑偉宗
事筆宜詞音樂劇，行文雅妙趣俗鄙

填詞獎。

「流行曲歌詞是甚麼？它反映了作者在一時一地的感思。」岑偉宗每首作品，都反映了他對人生的思考，以及對這個世界的看法。換了是音樂劇歌詞，重點則是展現戲劇的故事和人物，作者本身的想法就退居次席。他認為，「縱使觀眾沒有看過那齣戲，也明白歌詞想表達的內涵，因而產生共鳴，這才是成功之作。」這也是他對作品追求的高度。

岑偉宗指出，「用英文填詞，即使旋律改動一點，仍是那個字，但用廣東話填詞，旋律改少少，因為 Pitch（音高）的關係，就會變成另外一個字，例如『笑』，變成了『蕭』。」相對來說，廣東話比較「縛手縛腳」，自由度比較少。

「粵語本身很有音樂感，其實很適合用來寫音樂劇，正因為語音要求精準，構成廣東話句子的音樂質感好強烈，即使無音樂伴唱，如果台詞寫得好，純說台詞，也有音樂感⋯⋯困難與否，視乎你追求 Art piece 還是 Easy job。如果歌詞寫得好，必定需要相當好的語文工夫。」他認真地說。

寫劇本，改編《穿 KENZO 的女人》

談到音樂劇創作，岑偉宗指出，「音樂劇有三種元素，包括音樂、故事和歌詞，我的強項只在第三部分。音樂劇的歌詞另有難度，因為它是用歌曲來說故事，自然要介紹人物、地名、背景、時空、行動等，藏有大量資訊，絕不是單純『寄意』，而是複雜的對白。」

他強調，「歌曲需要面對聽眾，無可避免地是一件『半商品』，故此，不能太曲高和寡，好的曲詞必須雅俗共賞。」

2021 年 11 月，音樂劇《穿 KENZO 的女人》於葵青劇院上演。此劇改編自鄧小宇的同名原著，岑偉宗負責撰寫劇本與歌詞，與作曲家高世章（Leon）聯手創作。

他們兩人第一次合作，是 2003 年首演的《四川好人》，而 2009 年的《一屋寶貝》，兩人再度與「演戲家族」合作。2010 年，他開始萌生編寫劇本的念頭。

「當時剛剛看完《穿 KENZO 的女人》，我好喜歡。徵得作者同意後，便動手改編，雖然好困難，也硬着頭皮開始……」作品完成後，由「演戲家族」於 2013 年，公開圍讀。八年後，此劇終於由「中英劇團」完整地搬上舞台。

岑偉宗
事筆宜詞音樂劇，行文雅妙趣俗鄙

《穿 KENZO 的女人》場刊

《穿 KENZO 的女人》本是連載小說，想當年，它在《號外》連載時，筆者已是讀者，被書中形象鮮明的人物、抵死的對白、妙趣橫生的場景所吸引。

小說中大部分的角色都寫得生動傳神，「這些角色又確實是有趣，兼且有點惹人羨慕的一群……」鄧小宇也曾說過，他也不盡認同自己塑造的角色，包括他們的心態、生活方式，只希望作品引起讀者反思。讀者大抵也能感受到文字中的反諷，對其筆下的人物既愛且恨。

香港在七八十年代，經濟起飛，新中產階級崛起，這部小說成功地描畫出人們如何建構自我，譜寫了香港人身份認同重要的一章。

「戲劇的功能，就是將現實已經看不到的東西，重新呈現出來，所以我在劇中加入很多個人的童年記憶、生活經驗。」他希望以歌舞說故事，創作了二十首歌，藉此將香港七八十年代的時代氣息、往日的情懷帶給觀眾。

岑偉宗
事筆宜詞音樂劇，行文雅妙趣俗鄙

《大狀王》，就是這樣煉成的

近日，在西九文化區戲曲中心公演的粵語音樂劇《大狀王》，故事的主角是「廣東四大狀師」之一的方唐鏡，寫的是公堂審案。

「《大狀王》，絕對是個嶄新的嘗試。題目是我們擬定的，跟以往接受委託製作的音樂劇完全不同，它是個清裝公堂戲，好難寫。」岑偉宗認為，此劇對高世章和他來說，是極大的考驗。

| 岑偉宗視《大狀王》為極富挑戰之作

左圖：音樂劇《大狀王》的故事，由一椿冤案說起。（Wing Hei Photography 攝）

右圖：大狀王方唐鏡（劉守正飾）與鄔玉圓（陳卉蕾飾）於公堂上唇槍舌劍（Winnie Yeung @ Visual Voices 攝）

岑偉宗
事筆宜詞音樂劇，行文雅妙趣俗鄙

　　「我和高世章合作多年，讓我更深入認識音樂劇，對自己的要求也提高了，我希望歌詞可以融入多種音樂的質感，面對古典西洋曲，歌詞要有古典西洋味；面對元代故事，文字就要有元曲的味道。」

　　何以衍生創作公堂戲這個意念？岑偉宗說：「第一，公堂戲在香港的影視文化，是個重要的類型；第二，近年華語音樂劇經常提及 IP（Intellectual Property），公堂戲就是一個 IP，而方唐鏡與陳夢吉、劉華東、何淡如並稱，香港

人比較熟識的狀師，就是方唐鏡，我們可以發展這個 IP，讓這齣戲具有長遠的演出潛力。」談起背後的理念，他滔滔不絕地說起來。

早在十多年前，高世章已想寫一個清朝音樂劇，「2015年初，我和他到上海看《上海灘》，有一天，喝咖啡聊天，談及音樂劇，我忽然說不如改編《審死官》吧！」

然後，在 2015 年的 10 月 31 日，我跟一班朋友相約到新加坡，看宮澤理惠主演的《海邊的卡夫卡》，也是在喝咖啡之時，跟茹國烈談到這個公堂戲……回港後，再約高世章一起細談，結果，西九文化區接納了這個作品的概念。

「Leon 希望這個製作要分階段進行，先試做一個工作坊。工作坊之後，辦預演……然後，再仔細琢磨這個作品，不用趕死線，有足夠的時間將作品佈局、剪裁、沉澱……這對我們來說，好珍貴！」如何去發展一齣音樂劇？西九也期望做一個 Model 出來。

身為填詞人，岑偉宗有意識地去尋找各類型的知音，從選材開始去構思，探討甚麼可以雅俗共賞，而選取一個廣東人熟悉的題材，則是他們考慮的重點。

「張飛帆先寫劇本，由高世章決定何時唱歌，他作曲，然後我填詞，大家互動。」三人花了三年時間，同步創作。

岑偉宗
事筆宜詞音樂劇，行文雅妙趣俗鄙

劇本、曲詞於 2017 年準備就緒，團隊邀請香港話劇團為合作夥伴，方俊杰擔任導演，並遴選演員，經過兩年的準備和排練，《大狀王》於 2019 年的 5 月預演，是香港前所未有的實驗性演出。預演後，他們以不同形式收集意見，期望在正式公演前，再加琢磨，讓作品更臻完善。

從醞釀意念開始，歷時多年，這齣音樂劇終於在 2022 年 9 月正式公演，《大狀王》就是這樣煉成的！

「音樂劇以審案為題材，作詞的難度頗高，公堂戲的歌詞，既要交代案情的細節、控辯的理據，還要道出時、地、人……但願歌詞出來的效果，有『清代味』和『審案味』吧！」以歌唱的形式交代連場公堂戲的複雜案情，推進劇情發展之餘，又要蘊含哲理，實在不容易。面對這個作品，岑偉宗感到非常自豪。

談填詞，說語感六個層次

岑偉宗創作多年，在其著作《音樂劇場‧事筆宜詞》（2012）中，他曾提出粵語音樂劇歌詞具有五個語感層

次——「雅、妙、趣、俗、鄙」。談及填詞境界，在這次訪問中，他還加上了「文」，變成六個語感層次。

「記得在 2008 年，有一次，我和高世章去澳門演講，在船上聊到粵語雅俗問題⋯⋯」談到最後，結論就是廣東話可分成五個語感層次。

而「文」的靈感，則來自加拿大卑詩大學（UBC）的音樂系教授羅倩欣，「她很喜歡我寫的歌詞，也是她啟發了我，在五個語感層次的基礎上，多加了『文』。」岑偉宗透露，在近十年的創作中，他常常思考語言學的問題，結果發現了歌詞是否悅耳動聽，跟「語感」有莫大的關係。

關於填詞，如何達到文情俱備，雅俗得當？岑偉宗表示，「音樂劇的歌詞要配合角色，角色人物的成長背景、社會地位，都會反映在語言上。恰當就是美，不自然就是不美。如何在遣詞造句上做到自然效果，讓角色更鮮明立體？這涉及人物身份、動機、處境⋯⋯」他的說法，令我聯想起老舍的文章〈連人帶話一齊來〉。

頓了一頓，他開始解說：「『文』，即是文飾。如林夕的『俗塵渺渺／天意茫茫／將你共我分開／斷腸字點點／風雨聲連連／似是故人來』；而『雅』者，正也，亦即恰當的、斯文的語言。例如人們說『去鞠躬』，即表示參加喪禮。」

岑偉宗
事筆宜詞音樂劇，行文雅妙趣俗鄙

他接着說：「『妙』，即是有東西想說，背後有訊息，如許冠傑、黎彼得寫的『點解要擺酒／亂咁嘥錢冇理由／人人為飲一杯酒／累到夫妻一世憂』；而『趣』，則如『童年就八歲多歡趣／見到狗仔起勢追／爺爺話我最興哆幾句／買包花生蓮蓮脆／跳下飛機／街邊玩下水／爺爺重教我講呢一句／有酒應該今朝醉』。」

說完「妙」和「趣」，他笑着說：「『俗』，即通俗，而『鄙』，即粗俗。」他舉自己的作品為例，如「呀咿呀／我莫如做隻狗／正乞兒／我累人生花柳」就是「俗」；而「鄙」則如「仆街／仆街／遇到你我就仆街」。

接着，他補充：「例如在《大狀王》中的〈福臨門〉，

《音樂劇場‧事筆宜詞》書影

有幾句歌詞『激死老竇／愧疚淚流／壯志未酬／率先折壽／冇嘢當就去偷／卒之揸住個兜／沒法呀辭其咎／萬惡呀淫為首』就遊走於『妙』、『趣』、『雅』、『俗』之間。」

講到填詞的竅門，他繼續說下去，「《大狀王》中的〈道德經〉，我要滲入老子的道家哲學，從有到無，所謂『無為而無不為』……我所寫的第一個版本，好深，於是改為較淺的版本。」他採用「嵌字法」，將「道德經」三個字嵌入歌詞中，如「無道德／經書撕爛／唯《道德經》可師範」。

在創作上，「佈局的構思比較花時間，寫詞其實很快，例如在〈福臨門〉中，歌女唱〈山伯臨終〉。當我填詞時，跟着旋律，首先找出可以嵌進粵曲《山伯臨終》的經典唱詞的樂句；接着以哭起句，然後寫到尾才嵌進『山伯』和『英台』的名字，以便不懂粵曲的觀眾知道發生甚麼事。全段歌詞『我借哭問天意／淚似簾外雨／盡惹愁呀絲／今世若緣盡到此／燕分飛斷腸事／碎心伴秋意／盼兄哥你知／山伯與英台同心事／化蝶同林相與』就是如此衍生出來的。」岑偉宗細細道來，詳加解說。

此外，他亦提到「替代」，即是以類近的詞，取代原本的字詞，二者意思相通。在《大狀王》預演後，他將歌詞中，所有「的」字刪去，如「留在你的墓誌銘」改為「前

事記於墓誌銘」;「想歸家的引路有燈影」改為「知否歸家引路有燈影」等。

「又如有一場寫『打更佬』有夜盲症，因為無一個音可以寫到『夜盲』，於是我就寫『天咁黑佢點會望到人』……這就是整個意念的『替代』。」岑偉宗鍥而不捨，在創作的過程中，精益求精，不斷改進的精神，實在教人佩服。長年致力於粵語音樂劇的創作，岑偉宗對粵語入詞自有心得，我想，「字字珠璣」，恐怕是所有填詞人的挑戰。

盼未來，推動華語音樂劇

岑偉宗已是舞台填詞界的中堅分子，他有個心願，「我想更進一步磨利自己這把刀，與大家同心協力，推動華語音樂劇，繼續創作具價值的作品，把音樂劇再推上層樓。」

他與伍卓賢合作的音樂劇《阿飛正轉》，2018 年在台灣首演。「我一開始想寫機場候機室的來來去去，後來變成講述兩個年輕人在異地工作的故事，以鳥喻人，劇中的每隻喜鵲名字都有個『飛』字，像『王飛』、『孟飛』等，那

些飛來飛去無處落地的角色，賣命的『菜鳥』，以至背後遙控的大人，都是華人社會常見的世代處境。」他期待觀眾在笑聲淚影中喚起熱血和浪漫，甚至帶點傻勁的阿飛精神。

由香港小交響樂團聯同「一舖清唱」及「人力飛行劇團」，集合了港台兩地的創作人、演員，合力打造的交響音樂劇《阿飛正轉》，於 2021 年 12 月初，在香港大會堂音樂廳上演。岑偉宗坦言，「《阿飛正轉》最終可以在台灣和香港兩地輪流上演，身為原著編劇及填詞人，我深感欣慰。」

第 50 屆香港藝術節的重點節目《日新》，是他與金培達合作的音樂劇，此劇還原了孫中山在青年時期的心路歷程，重塑他的激情歲月，演期原定於 2022 年 3 月，因疫情延期，可能在 2023 年初才上演。此外，他已完成了一個新作品，主題講生死，由鍾氏兄弟作曲，尚未正式命名。

近兩年，岑偉宗看了不少台灣的音樂劇，他說：「無論是題材、風格，都有新意，尤其是市場學，他們的營運模式，令我留下深刻印象！」

談到未來計劃，他透露：「除了香港的工作，也希望能將一些之前在香港創作的作品，換個方式呈現，有些項目已經與台灣的編劇合作開發；有些項目則是把粵語音樂劇變成普通話版本，目前已經完成中文文本，待疫情過後，

岑偉宗
事筆宜詞音樂劇，行文雅妙趣俗鄙

再找適當的機會搬上舞台。」

他繼而指出，歌詞是要從聽覺中創造畫面，「粵語有九聲，易有變化，但也難寫，因為聲調差一點，意思就差很多；普通話因為只有四聲加一個輕聲，同音字很多，比較容易混淆，我希望這兩套系統可以在我手中融合，為華語音樂劇創造更多可能。」

岑偉宗期待在填詞方面，一直創作不輟，而且有所突破。「高世章和我，不時都在尋找新的題材，我也在構思與伍卓賢合寫一個音樂劇……」機會總是留給有準備的人，信焉！

| 岑偉宗在台北觀劇

燦然闖出演藝路
良劇薈萃現舞台

專訪 **潘燦良**

潘燦良，香港演員、導演。1991 年畢業於香港演藝學院戲劇學院表演系，曾為香港話劇團全職演員，活躍於舞台、電影及電視。歷年來，多次獲頒香港戲劇協會香港舞台劇獎最佳男主角獎及最佳男配角獎。2005 年獲亞洲文化協會（Asia Cultural Council）利希慎獎學金；2012 年獲香港藝術發展局年度最佳藝術家獎（戲劇）。2017 年聯同蘇玉華、張志偉成立 Project Roundabout。2020 年策劃 Project Roundabout 抗疫讀戲劇場《不日上演》，獲 IATC 國際演藝評論家協會（香港分會）授予特別表揚獎。

《南海十三郎》於 1993 年首演時，我已是座上客。此劇以江譽鏐生平事跡改編而成，編劇杜國威寫得極好，贏盡口碑，兩年後重演，我又走進劇場，欣賞這齣舞台劇，飾演唐滌生的，正是潘燦良。那時候，我對這位年輕的演員，已留下深刻的印象。

　　潘燦良演出的舞台劇，我幾乎全部看遍，也非常欣賞他的演技，但從沒想過，能跟他面對面聊天。

　　訪問那天，大家相約在香港公園的餐廳吃午飯，此日惠風和暢，窗外景色怡人，我和攝影師，跟他坐在餐廳的一隅，邊吃邊談，感到很愜意。

　　潘燦良很健談，他從中學時初踏台板講起，說到演藝工作方面的種種經歷，以及所思、所感……我們談得很投契，聊了大半天，至暮色四合，才離開餐廳，揮手告別。

因緣際會踏台板

　　小時候，潘燦良居於彩虹邨紅萼樓，是家中的老么。他在中華基督教會基協中學念書，中五會考後，因緣際會，參與了學校劇社的演出。當時，他有個同學是劇社社長，寫了一齣探險懸疑劇，有點似《奪寶奇兵》（*Indiana Jones*），臨時找他當演員，在劇中演配角，在尋寶過程中，殺了一個人⋯⋯

小時侯的潘燦良

「我正在等會考放榜，反正有時間，就嘗試一下，與大家合力做好一台戲，演戲的確很好玩，感覺非常好。」想不到，首次踏台板，他竟然演反派。此劇演出兩場，供全校師生欣賞。

在這齣戲中，他只是當大配角，但竟然得到讚賞，演出後，偶然在校內遇上中文科老師，對他說：「潘燦良，原來你演戲，也相當不錯！」第一次踏上舞台，就得到肯定，成了他日後在演藝路上發展的契機。

「我無心向學，但熱愛戶外活動，行山、游水、踩單車……也喜歡打籃球。」潘燦良坦言，自己的成績一向不好，會考後，曾轉到其他學校重讀中五。家中兄姊早已出外工作，沒有經濟壓力，雖然一再重讀，父母也讓他繼續念書。那是他一生中，最徬徨、最迷失的時期。

潘燦良從沒想過當演員，「我不是『讀書人』，自問沒有升學的機會。那時，聽聞香港演藝學院較着重 talent（天份），縱使成績不太理想，也有被取錄的機會。對我來說，好像是唯一的出路。」他堅持下去，報考了四年，才成功入學。

在這幾年間，他做了好幾份工作，曾任職工業繪圖員、牛奶公司雜工、批發公司送貨工人……其後，轉到香港城

市當代舞蹈團（CCDC）當辦公室助理，有機會接觸舞台製作、表演藝術，他開始找到自己的方向，「大半年後，團內的 Assistant Stage Manager（ASM）一職有空缺，我主動求調，擔任 ASM 一職，負責燈光、音響、道具等後台工作」。

CCDC 設有 City Contemporary Theatre（CCT），他要做劇場的技術人員，經常碰到不同的藝術工作者。「杜 Sir（杜國威）當時還在可立中學教書，我見過他帶學生來演戲。後來 CCDC 又增設小型畫廊，我也要幫忙做展覽。」在工作上能接觸到不同的藝術範疇，既充實，又有滿足感，他愈做愈投入。

「我終於找到了出路，舞台就是我的『歸宿』！」他笑着說。1987 年，獲香港演藝學院取錄後，因為捨不得這份工作，他還猶豫了一陣子，反覆思量後，才決定辭職。

學院求藝勤展翅

潘燦良自言，進入戲劇學院的表演系，最大的得着，是來自 King Sir（鍾景輝）的教誨。King Sir 曾總結了一

套 4D 演員守則：Discipline（紀律）、Drive（動力）、Dedication（奉獻）、Diligence（竭盡心力）。

「除了 4D，King Sir 還會親自指導學生，細說演藝行業的概念、形式……讓我們真正地了解到，投身演藝界，應該用甚麼態度去面對自己的工作。他還經常提醒我們要保持『那團火』——對舞台的激情，可謂一生受用。」潘燦良指出技巧不難掌握，可以慢慢練習，最重要的是態度。

由於得來不易，所以倍感珍惜，「在學院那幾年，我好用心、好勤力，盡量多吸收、多學一點知識，看英文劇本，遇到不懂的字，就查字典……我很享受學習的過程，決心要好好讀書。」如果有興趣，學習的動力就會引發出來。潘燦良就是個好例子！

回想當年的經歷，「我努力學習，也盡力爭取演出的機會，藉以累積經驗。在學院中，我多做主角，也成為同學間頗受歡迎的合作夥伴。」自信心，就是這樣累積的。

工作時，他儲了點錢，第一年的學費，可以自給自足，但餘下的幾年，經濟上的支持，全來自母親。畢業那年，他以優異的成績，取得兩個獎學金，於是將大部分的錢歸還媽媽，答謝她的支持。

潘燦良的畢業演出，是古希臘尤里比底斯著名悲劇《神

上圖：「演藝」第二年，潘燦良得到男主角機會，參演 *The Crucible*。

下圖：「演藝」第三年，潘燦良飾演《蝴蝶飛翔》中的失明人 Don Baker。

火》（*Dionysus*），由 Colin George（章賀麟）導演。在香港公演六場後，他們便直飛北京，在中央戲劇學院作兩場學術交流演出，接着南下上海，訪問上海戲劇學院，在上海人民藝術劇院演出廳公演兩場，亦獲得好評，有評論指出「他們的演出充滿熱情和生命活力，表演技巧基本功十分扎實，導演別具一格，給人留下美好而深刻的印象。」

| 潘燦良的畢業演出，是希臘悲劇《神火》，他與舞台上所用的面具合照。

磨煉演技圖突破

1991 年畢業後，潘燦良即投考香港話劇團，「我很幸運，獲得取錄。同年入團的，還有同學蘇玉華，另外有雷思蘭、劉紅荳和吳業光。」他加入「話劇團」時，藝術總監為楊世彭博士，第一次演出，是在《欽差大臣》中跑龍套，擔任小角色，與古明華扮演村民，做兩兄弟。

那時的「話劇團」，有三十多個全職演員，「演員包括老中青，例如羅冠蘭已獨當一面，謝君豪、高翰文、楊英偉等小生，亦炙手可熱⋯⋯」

在開首兩三年，他只能演閒角，做「茄喱啡」，或當候補演員，「我有點投閒置散的感覺，陷入低潮⋯⋯」直到1994 年，他被一位美國導演選中，在《黑鹿開口了》中飾演 Crazy Horse（狂馬）。這齣舞台劇，內容跟《與狼共舞》相近，潘燦良演一個反抗白人的印第安英雄，演技大受讚賞，而且獲得了香港舞台劇獎的最佳男配角獎。

自此，他開始受到重視，也得到較多的演出機會。1995 年，他在《南海十三郎》（重演）中演唐滌生。「此劇首演時，李偉英演唐滌生，演得非常好，我也參照了他的

「黑鹿開口了」飾「狂馬」

左圖：1995 年，潘燦良在香港話劇團《黑鹿開口了》演狂馬。
右圖：1995 年，潘燦良（左）在香港話劇團《南海十三郎》演唐滌生。

潘燦良
燦然闖出演藝路，良劇薈萃現舞台

演繹方式。」1997 年，《南海十三郎》改編成電影，而潘燦良亦因唐滌生一角，獲得台灣金馬獎及香港電影金像獎最佳男配角的提名。

眾所周知，楊博士熱愛翻譯劇。1996 年，他計劃將《熱鐵皮屋頂上的貓》（*Cat on a Hot Tin Roof*）搬上舞台，此乃田納西・威廉士（Tennessee Williams）的名劇，曾獲普立茲獎。「當時謝君豪請假結婚，我獲得機會，在劇中擔任主角。」此劇分 AB Cast，前者為羅冠蘭和高翰文；而後者則為潘碧雲和潘燦良，在台上輪流演出，他開始重拾信心。

在「話劇團」，他曾參演的劇目眾多，印象比較深刻的角色亦不少，包括《德齡與慈禧》（重演及再度公演粵語版）的光緒皇帝；《凡尼亞舅舅》（*Uncle Vanya*）的鄉村醫生阿斯特羅夫（Astrov）……

「我主動向楊博士自薦，在大型製作《德齡與慈禧》中爭取演出機會；而在契訶夫的《凡尼亞舅舅》中，來自俄國的導演令我學會了好多，在演技上亦得到提升。」至於最大的挑戰，則來自一齣意大利瘋狂喜劇《戀病夫妙計試真情》，導演為何偉龍。

「坦白說，演喜劇不是我的強項，演這個戲，主要是為

了磨練演技……」更大的突破，是在 2004 年的《家庭作孽》，角色的要求更大，對手是擔綱演出的黃秋生，也有一定的壓力。

「排練的過程好艱苦，已排了三個星期，毛 Sir（毛俊輝）仍未感到滿意。他引導我嘗試用另一種方式，從外貌入手，設計這個人物的形象。秋生也建議我將聲音吊高講對白，突然之間，我開竅了！」他戴上「假哨牙」演出，由外而內，找到一個新的節奏，以特別的聲線、動作演繹……營造出一種獨特的喜劇感。

在劇中，潘燦良演活了大陸保安公司負責人何必達，連觀眾也幾乎認不出他，以為「話劇團」來了一位新演員。結果，他憑《家庭作孽》取得第 14 屆香港舞台劇獎最佳男配角（喜劇／鬧劇）獎。

「也許，一直以來，我的外形比較正氣，局限了自己的發展。這次演出，是一大突破，表演的幅度拉闊了，對我日後的演藝生涯，帶來正面的影響。」他認真地說。

潘燦良
燦然闖出演藝路，良劇薈萃現舞台

左圖：2008 年，潘燦良在香港話劇團《德齡與慈禧》演光緒。
右圖：2005 年，潘燦良（左）在香港話劇團《家庭作孽》演何必達。

重回凡間作凡人

　　潘燦良引述毛 Sir 說過的一句話，「演戲是一種好孤獨的工作。成為一個演員，至少要花二十年。」經歷多年的磨煉，他開始體會到箇中的真意。

　　他認為發掘自我的同時，也要不斷向自己提問題。「為甚麼要當演員？為甚麼社會需要演員？我以前曾問過自己，也有過標準答案。」

　　演戲多年，他開始有感而發，「演一個戲，無論甚麼題材，演甚麼角色，其實是為社會某些人發聲，表達一些思想、信念。」那是歷練引發出來的反思。

　　2006 年，他獲亞洲文化協會（Asian Cultural Council）利希慎獎學金，到紐約「美國劇目劇團」（American Repertory Theater）進修半年。「這是個難得的機會，可以學習、觀摩，沉澱自己，然後重新出發。」

　　2009 年，他首次創作了《重回凡間的凡人》，「劇本不太成熟，寫的是媽媽的故事，道出個人的感受。」此劇於 2011 年獲邀參與香港藝術節演出，他親自執導，由蘇玉華及張錦程主演。

潘燦良
燦然闖出演藝路，良劇薈萃現舞台

說到這裏，潘燦良分享了一個小故事。話說有一天，他演完戲，一個女觀眾在後台的出口，拿着劇本，請他簽名，還說：「謝謝，這齣戲打開我的心結。」接着便離開了。望着她遠去身影，他感到有點詫異。

「甚麼心結？」事後回想，他也想追問下去，可惜已沒有機會。「也許，這齣戲令她領略到一些道理，可讓她解開心結，找到出路。」潘燦良體會到戲劇工作的社會責任，戲劇不單只是娛樂，透過演戲，帶出訊息，可能會令人們的生活過得好一點。

演戲這麼多年，「在台上的演出，任何一個角色，都會帶來影響，即使只影響到一個人，也很重要。」他真切地道出藝術的感染力。

「我是個慢熱的人，性格比較謹慎，也不愛冒險。到了2012年，在『話劇團』這個環境，演了二十一年的舞台劇，我覺得足夠了！」女友蘇玉華也支持他的決定。

當他知悉「話劇團」的藝術總監陳敢權，以及行政總監陳健彬兩位先生，已提名他角逐香港藝術發展獎後，他坦然道出自己的決定。「我感到有點尷尬，也覺得辜負了他們，他們真的欣賞我，不會因為我去意已決，而放棄給我提名。」對於兩位前輩，他滿懷感激。

「我在 1991 年 8 月 1 日開始上班，至 2012 年 4 月 30 日約滿為止。」他與蘇玉華合演《心洞》（*Rabbit Hole*）之後，便正式告別「話劇團」。

同年 6 月，他獲頒「2011 香港藝術發展獎」年度最佳藝術家獎（戲劇）；而《心洞》也為他帶來了第 22 屆香港舞台劇獎最佳男主角（悲劇／正劇）獎。

潘燦良留守「話劇團」，長達二十一年之久，「劇團王子」，可不是浪得虛名！

| 2012 年，在香港話劇團全職生涯最後一個演出，潘燦良與蘇玉華在《心洞》合演夫婦。

潘燦良
燦然闖出演藝路，良劇薈萃現舞台

凝聚人心顯力量

潘燦良決定不再續約後，「當時『港視』（香港電視網絡）剛成立，總導演聯絡我，邀請我與張可頤合演電視劇，可能他們想找一些新臉孔吧！」他考慮後，覺得不妨一試。由於電視劇於 2012 年底才開拍，他在 7 月，還參與《我和秋天有個約會》的演出，再飾演沈家豪。

「港視」想他簽長約，他也婉拒了。「正因為不想簽約，才離開劇團，我情願拍『部頭』戲。」接拍之前，他要先看劇本。「我對戲劇有一種藝術上的追求，無論演電視劇或電影也一樣。」

離團外闖，潘燦良參與港視劇《來生不做香港人》，憑花心男 Hill 少一角，成功走紅，令更多觀眾認識他。在電影方面，他亦累積了不少經驗，早年於《人間有情》（1995）演阿貴、《南海十三郎》（1997）演唐滌生，又於《愛情觀自在》（2001）飾演阿修。其後於《逆流大叔》（2018）演黃淑儀，亦入圍角逐第 38 屆香港電影金像獎最佳男配角獎。

「身為演員，我已 ready。相對來說，我比較熟悉舞台，拍電視劇或電影，我不像其他資深演員般熟悉機位、

鏡頭的調度⋯⋯對於這些技術性的東西,我還處於學習階段。」無論面對哪一種媒界的演出,潘燦良都全力以赴,認真演好自己的角色。2014 年,他又憑《教授》奪得香港舞台劇獎最佳男主角(悲劇 / 正劇)獎。

2017 年,移居英國多年的「演藝」校友張志偉回港,大家相聚時,談及一個想法,期望透過研討會、工作坊,跟戲劇界志同道合的朋友,總結多年來的工作經驗,彼此交流分享。

| 2001 年,潘燦良在電影《愛情觀自在》演阿修。

所謂坐言起行，他們成立了一個為期三年的戲劇實踐計劃 Project Roundabout，不設藝術總監、行政總監架構，召集人為潘燦良、蘇玉華、張志偉。計劃以演員為本，匯聚有共同理想的人，每年透過演出、研討及工作坊，期望重新思考、梳理演技和打破演員的慣性與局限。

「我們的信念是由個人演技提升開始，再達至演員間能互相完善對方，最終回到自己崗位後，再延續此種精神。」從 2017 到 2019 年，Project Roundabout 演出了《謊言》（*The Truth*）、《她媽的葬禮》（*The Memory of Water*）和《親親麗南》（*The Beauty Queen of Leenane*）。

「我們的投資，不單只是金錢，還有參與、精神……我們以聘請方式，招攬台前幕後的工作人員，提供最好的排戲條件，讓不同崗位的人，可以全程投入，集中精神做好一台戲，還可以透過不同的形式作專業交流。我們不是營運，而是提供一個平台，讓大家有沉澱的空間。」事後的檢討，無論是演出的水準、觀眾的反響，以至票房，也證明了計劃的成功，「三年計劃」達標後，他們便停下來。

2020 年，疫症蔓延，演藝工作者面對前所未有的艱難局面。2020 年 4 月，正值香港第二波疫情，Project Roundabout 以一封信為劇場燃點起一盞燈，提出「不日上

演」計劃，最初是為了解決同業燃眉之急。他們拿出過往「三年計劃」成果的部分酬金，製作四齣讀劇演出，後來因為更多有心人的出現，最終順利演出十二齣讀劇，共有一百七十九名業內人士參與其中。

「『不日上演』的策劃意念非常清晰明確，以簡約的讀劇方式，製作多齣跨年代的原創劇，參與者包括所有的戲劇界人士，不分年代。」潘燦良指出，劇目有杜國威《人間有情》、莊梅岩《教授》、龍文康《過戶陰陽眼》、陳志樺《蛋散與豬扒》等。透過這個計劃，很多昔日佳作，重新被發掘出來，讓年青的一代，都有所得着和啟發。

|「不日上演」第一場讀劇演出《三子》

潘燦良
燦然闖出演藝路，良劇薈萃現舞台

他認為「不日上演」比之前的「三年計劃」更重要,「它不單紓緩了劇界的困境,而且見證了團結的力量,最重要的是可以凝聚人心!」

隨緣而行重嘗試

談到未來計劃,潘燦良聳聳肩,笑着說:「我從來沒有具體的工作計劃,比較隨緣,碰到甚麼便做甚麼,遇到合適的角色、可以合作的人,以至有趣的演出,我也會樂於嘗試。對於舞台劇、電影、電視劇,我一視同仁。」三者之中,他最熟悉的,首推舞台劇,「然而,演出影視作品,於我來說,也蠻有新鮮感,亦有很多可以學習的地方。」

頓了一頓,他繼續說下去,「在電影、電視方面,導演有『話事』權,演員受到的限制比較大,但也不能抹煞那方面的享受。當然,在舞台上,我可以得到全面的發揮,例如在《最後禮物》,我跟黃子華第一次合作,感覺非常好,那是不可取代的。」

2022 年 3 月下旬播出的電視劇集《反起跑線聯盟》,

以現今社會父母對子女的教育理念為主題，成功吸納大批家長觀眾，收視報捷。潘燦良在劇中，飾演其中一位「怪獸家長」，盡見其喜劇細胞。而在電影《致命 24 小時》中，他飾演變態殺手，一反正氣形象，演技亦毋庸置疑。

「舞台是神聖的，可是，影視作品卻可以流傳下去。」今時今日，潘燦良遊走於不同的界別，他強調，「身為演員，能夠演好自己的角色，好好地完成每一個作品，而它亦有留下來的價值，我就會感到完滿。」

岑偉宗曾說過，「舞台是我的家；電影是旅行的地方。」

「對於我的家，我感到很熟悉、很舒適，也好安全；但我也好享受旅行的過程，而且不會思家！」潘燦良卻如是說。

潘燦良
燦然闖出演藝路，良劇薈萃現舞台

由畢業到現在，演繹過無數角色，他的生命彷彿已跟戲劇融為一體。「在我的人生中，戲劇非常重要。我不敢想像沒有了戲劇，會怎麼辦？生命有了戲劇，多了一份樂趣，令我的生活更為愉快。」

早在 1995 年，潘燦良與蘇玉華合演電影《人間有情》，開始走在一起。兩人選擇在 2020 年註冊結婚，主要是因為疫情導致工作量暫時減少，可以騰出時間，面對他們不喜歡處理的繁文縟節。「我們在平時，已常常被『關注』，其實，我們喜歡過的是平常的生活。不過，隨着年紀大了，也要作出實際的考慮……」夫婦倆最喜歡旅行，已策劃明年的外遊大計。

9 月底，他演完五十場《最後禮物》，接着，他與編劇莊梅岩繼續合作，在《短暫的婚姻》中當導演，這齣戲將於 12 月底公演。

「如果深愛，再長的婚姻也是短暫的。」莊梅岩寫這齣戲，談愛情、婚姻、關係，說失去、寂寞、背叛……還探討人生與家庭的問題，為觀眾帶來更多的思考空間。

此劇在 2019 年首演時，潘燦良飾演男主角 Galen。這一趟，他改變了崗位，且拭目以待！

設計藝術是怎樣煉成的？

專訪 劉小康

劉小康 BBS，設計師、藝術家。多年來獲獎超過三百項，現為「靳劉高創意策略」創辦人，身兼亞洲設計連副主席、香港設計及創意產業總會主席、三屆「深港設計雙年展」策展人。2015 年，香港文化博物館舉辦了「劉小康決定設計」個人展覽。2021 年，獲香港出版雙年獎最佳出版大獎、DFA 亞洲最具影響力設計獎：WOCD 世界傑出華人設計師獎。2022 年 9 月，以客席策展人的身份，與香港藝術館聯合策劃「字由人──漢字創意集」展覽。

前一陣子，在香港藝術館觀展，欣賞了兩個與漢字相關的展覽，可謂大開眼界。

二樓的「漢字城韻——書法中的詩舞畫樂」，展出超過七十件香港藝術家的作品，從書法藝術與詩、舞、畫、樂之間的關係作為起點，讓大家從一己的認知和興趣重新出發，從而發掘個人欣賞書法的樂趣。

至於位於五樓新空間的「字由人——漢字創意集」展覽，則與二樓的展覽遙相呼應，為觀眾帶來更多的思考空間。展覽以漢字為主題，展出超過百組藏品，展示漢字在日常生活、商業及藝術創作上的應用，既呈現了當代漢字的創意，也展示出漢字的美，與整個城市的美感架構息息相關。

展覽的客席策展人劉小康，是本地著名設計師，在預展時，他指出，在五六十年代，正值香港經濟起飛，街上出現大量的書法招牌，構成了獨特的街景，而其後的霓虹光管，為這種景象更添光彩。他更認為，「縱使目前不少招牌已改用電腦字，但漢字書法在當代技術條件下，反而更容易回復昔日的光輝，只要人們對漢字書法美學有足夠的關注和重視，因為無論是造字還是輸入，在今天已方便得多了。」

他也解釋了展覽名稱「字由人」的含義，「人們

常說『倉頡造字』，其實漢字是不同時代人類的智慧結晶，經過時間淬煉，還在不斷發展進步。」他表示，「字由人」正是對人類智慧的肯定，也跟其英文名Freeman（自由人）相呼應，由於五樓的樓底較高，在策展時也能作出更多的嘗試。

　　當時，我跟劉小康攀談起來，預備稍後再約他做專訪……直到最近，他才有空接受訪問。訪問那天，坐在他的辦公室，我們聊將起來，從他早年的學習經驗說起，談到近期的創作。

幸遇良師，奠定基礎

劉小康出生於 1958 年，中學時，就讀於英華書院。他在高中時，遇到一位極好的美術老師——葉秀賢（Doris）。「她是我的班主任，畢業於中大新亞書院藝術系。有別於一般老師，只教簡單的技巧，她教藝術史。」他笑言，時為七十年代，畫室只有畫板，還有可供清潔用的水喉水，一切的設備非常原始。

「葉老師很有心，每星期都捧着一堆大型畫冊來上課，由『文藝復興』講到『現代藝術』，她講得很精彩……我們最大的得着，就是對西方藝術的認識，打穩比較強的基礎。」他認為，除了對藝術感興趣或從事藝術創作的人，一般人也應該認識西方藝術，了解西方社會文明與藝術的關係。

英華書院雖然是一所英文書院，卻非常注重中國文化。「當時的校長 Mr. King 也很重視中國文化，並致力推動兩文三語。我們要讀《論語》、《孟子》，也要上『國語』堂，由來自北京的老師任教。」劉小康坦言，他對中國文化的認識和理解，亦植根於此。

那些年，坊間的文藝雜誌，對他也有一定的影響。「例如《文學與美術》（後改名《文美》）介紹靳叔（靳埭強）的設計，讓我知道在設計過程中，也可以融入中國文化，令我對設計深感興趣。」

劉小康強調，他自中學時代開始，看雜誌和海報，已深受靳埭強影響，「那時候，將漢字放大，加上水墨筆觸，設計好新穎。中國文化融入現代設計，實在令人嚮往。」

「葉老師也想我讀藝術系，所以特意帶我到藝術系走一轉……」他分別參觀過中大藝術系和理工設計系的畢業展，還小心作過比較。「那一年設計系的畢業展，由王無邪先生策展，他設計得很好，令人對這個課程的內容，了解得非常清楚，令我很感動，所以我選擇了設計系。」

1977 年，念完中六後，他進入理工學院的設計系，修讀四年制的高級文憑課程。「當時的理工，在設計系任教的，主要是外籍老師，採用英式教育系統，視設計為解決問題的工具──Design is problem solving。我很幸運，遇上張義老師，他教『民間藝術』，一週上一節課，大概個多小時，但我學會了很多。」張義在理工任教兩年，才進入中大藝術系，並擔任系主任。其作品以西方現代藝術概念，融入傳統中國文化藝術的元素，對劉小康影響甚大。

| 劉小康（左）與老師張義（右）合照

　　「在理工的學習，於我來說，一生受用無窮！」劉小康直言，理工給予他的養分極多，「除了上課，我在理工的圖書館，看了很多舊雜誌合訂本，吸收了很多當代的設計觀念。」

　　他常常跟學生分享，「翻閱舊雜誌合訂本，是很好的學習方法。一看三十年，可以看到那個範疇的演變，就算不細讀文字，只看圖片說明，就可以認識不同的主題，如建

劉小康在理工學院的功課

築、繪畫、陶藝、珠寶……也能感受到整個文化的轉變，
就好像看紀錄片一樣。而雜誌上刊登的廣告，內容亦反映
了當時的文化，道出當年發生的事情。」事實上，那個年
代，沒有現時那麼多視頻、互聯網、YouTube 等資訊。

　　「我經常留意靳叔的新作品，還參照他的思路，做理工
的功課，外國老師也許看得不太明白，但我不理會他們，
照做如儀。」說起當年的學習經歷，他侃侃而談。

投身設計，邁向目標

劉小康於香港理工學院畢業後，加入新思域設計有限公司，開展設計師的生涯。「我進了靳叔的公司，一直做到現在，還成為合作夥伴。」1988 年，他與靳埭強共同創立「靳與劉設計顧問」公司。

初期，他們多做文化項目的平面設計，例如書籍的設計，以及電影節、藝術節的海報。劉小康認為書籍設計中蘊涵着藝術的各種概念，對人一定有所影響。人們走進書店，即使不買書，也會看得見書籍裝幀，受到整個氛圍的影響。

「這類工作，預算比較少，弄到沒錢結婚，只好多做商業項目，例如品牌推廣。」他笑着說。

「早在七十年代中，靳叔已替中銀設計 Logo，初期只是『中銀集團電腦聯營系統』的標誌。」至八十年代末期，他們做的商業項目愈來愈多，其中最大的項目就是做中國銀行的標誌。

當時，貝聿銘設計的香港中銀大廈即將落成，中銀香港分行的總部，請他們策劃，設計整個系統的 Visual

Identity System。「靳叔是原來標誌的設計者，中銀找我們去策劃，實在理所當然。我們做到一半，北京的中銀看到了，覺得很好，便邀請我們上北京，設計一個全新的系統，供全國的中銀使用，規模大得多。」

「我們用一個比較現代的手法，去打造視覺效果，用『白地』植入書法字，既是現代設計，也帶有中國書畫味道，呈現出中國文化色彩。從中銀這個白色招牌開始，內

| 中國銀行的商標

地的銀行、企業機構，也開始使用白色……以前，他們多用啡色，加上金字。我們的設計，較有現代感，不單只反映了改革開放的面貌，也美化了整個市容，讓大家感到煥然一新。」對於這個項目，他們感到很自豪！

一路走來，在設計方面，「我的學習對象就是靳埭強和張義兩位前輩，尤其是靳叔，對我的影響極大，讓我學到了如何將中國文化應用在平面設計上。」

他指出，「靳叔早在八九十年代，他運用的中國元素，為設計界帶來很大的影響，特別是漢字和書法如何應用在平面設計上。」1995 年，靳埭強參加台灣印象海報展的文化招貼作品《漢字》山水風雲系列，以書法家寫的山、水、風、雲書法字為背景，結合傳統書寫的文房四寶——紙、筆、墨、硯作為元素，將自然和文化相互交融，在古典中散發現代氣息。

「那四張海報首先影響了台灣的年輕設計師，其後，很多內地朋友，也學習這種風格，並進行嘗試，靳叔在平面設計上，確實影響了兩岸三地。」細述靳埭強的美術設計，他流露出欽佩的眼神。

劉小康從事設計工作，已長達四十年，亦曾獲得三百多個的獎項。他為「屈臣氏蒸餾水」設計的水瓶，在業界

有很大的迴響。「2002 年，我接手這個案例，研究後發現它在同類產品中是個特殊的例子。它定價最貴，市場佔有率亦很高。如果要突破，必須從產品的美觀性及功能性着手。」他將瓶身線條設計成水滴形，瓶蓋可作杯子之用，瓶身附有標籤貼紙，堪稱其設計生涯的經典之作。

　　本地不少著名品牌，亦曾找他為產品設計形象。他認為成功的品牌設計，要以品牌的文化源頭，作為構思的切入點，藉以突出產品的獨特之處，而擁有一個可傳播的品

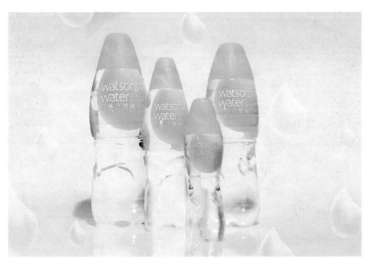

| 劉小康為「屈臣氏蒸餾水」設計的水瓶

牌故事，以及一個與公眾相關的共同回憶，更能刺激消費者的購買意慾。

他們為創立於 1898 年的「廣生行雙妹嘜」重新設計新商標和包裝時，重點保留了原有的品牌價值。關蕙農是 1920 年代以繪畫「月份牌」而享負盛名的本地藝術家，劉小康選用了他繪畫的「雙妹嘜」海報中的女性形象，設計一套文創產品，成功喚起人們的集體回憶。

|「廣生行雙妹嘜」的設計和包裝

公共藝術，建構椅子

　　如今，劉小康仍活躍於多個創作領域，且涉獵甚廣，由海報、包裝、產品、裝置，以至公共藝術等。他關注的內容始終圍繞文化、哲理，反映自己對世界的思考和回應。

　　「我在二十多年前，已開始做『椅子』。生活在香港，見證着時代的轉變，創作一定受到影響。」中英談判後，在社會引起許多回響，《中英聯合聲明》發表後，1985 年「中英劇團」製作的舞台劇《我係香港人》公演。「我為他們設計了一張海報，把一個香港人放在一張半中式、半英式的古董椅上，放眼向前看，那一張椅子，一半藍、一半紅，象徵半中半英，寓意香港人在中、英夾縫中生存，個人的身份認同，即是你坐的椅子，決定你的未來。」

　　當時，香港不少文化人都探討身份認同、回歸等問題，「榮念曾也創作多齣戲劇，例如《一桌兩椅》、《中國旅程》、《哩度哩度過渡過渡》、《山海經》等，我也為他設計多張海報。」

　　「最有趣的是，這是交流，不是服務。榮念曾給予我一個平台，讓我發揮個人的意見，他也會接納我的看法。」

《我係香港人》海報

劉 小 康
設計藝術是怎樣煉成的？

他當時設計的好幾張海報作品，現時在 M+ 也有收藏。

「椅子」系列的創作，源於彭定康當港督時，椅子代表香港當時的政治氣氛。「香港『忽然民主』，有選舉。除了三級議會之外，甚麼都有選舉，例如藝術發展局，連香港藝術館的顧問也要選出來，弄得很混亂！」

劉小康感到，「在『爭椅子』的遊戲中，有些人爭到了，也不懂得怎麼坐這個位置。」在一個公共藝術比賽中，他創作了公共藝術品「位置的尋求」，將椅子的符號立體地呈現出來。

自此之後，「椅子」這個符號，或平面、或立體，不時交替出現，他開始用椅子探討問題。「我覺得『椅子』好像我的語言，可用來回應一些問題，可能用海報，也可能用立體的作品。每個人每天一定會坐椅子，不可能不坐。可是，喜歡坐哪一種椅子，最喜歡的椅子在哪裏？這也代表人生的選擇。」他最大的感受，就是椅子能帶來不同層次的比喻，比如一個人的身份，一個人的選擇，他在社會上的權力……

從那時開始，他發現公共藝術的做法跟設計息息相關。「我不是雕塑家，所以用設計的方法去做公共藝術，因而覺得藝術跟設計完全沒有界限。」

| 公共藝術品「位置的尋求」

劉小康
設計藝術是怎樣煉成的？

劉小康從不介意人家說這是設計還是藝術品,「椅子」已成為他與世界對話的表達方式。

他提到,其創作的靈感,也來自日本大阪一個邀請展。「我要在日本扇子上做一些 Graphics,兩把摺扇一大一小,代表一男一女。我突然記起,日本有些器物亦分男女,例如一對杯亦有大小之分,也許有點性別歧視。這卻啟發了我,做一對椅子,中間相連,代表一陰一陽。」

「其後,演變到『繞腳椅』,我將兩張椅子扣在一起,象徵人與人之間的溝通。」劉小康對明式家具亦甚感興趣,於是取出家裏的椅子,量度比例,參照趙廣超《一章木椅》中的介紹,製作明式椅子,「我將『繞腳』元素放進去,衍生明式『繞腳椅』系列,現時在香港故宮博物館『士林館』中展出。」

他也曾在海報設計中結合書法和椅子,將椅子變成一種探討中國文化不同元素的工具。從個人的興趣出發,以至回應社會問題,「椅子」變成劉小康的個人語言。

他說這是一種遊戲的心態,「面對每一個題目,每一件事情,我都以開放的心態作出反應。」

直到今天,他仍創作不輟,繼續「椅子」系列,劉小康表示,「這兩年來,受到疫情影響,我先繪畫設計圖,由

| 上圖：明式繞腳椅
| 下圖：「椅子」是劉小康極具代表性的藝術表現方式

劉小康
設計藝術是怎樣煉成的？

晉草六方椅

「椅子書法二——晉草六方椅」海報

內地的工作人員負責製作，新作品不斷地在內地展出。」

設計傳承，重視經驗

談到設計，劉小康認為，「設計不是技巧的比拚，而是內涵的較量。生活在這個年代，學習技巧好容易，尤其是平面設計，現時已有很多軟件、網上資訊，教導人們如何做設計。」

「一個成功的設計師，一定不可以只喜歡設計，要喜歡設計以外的東西，例如喜歡音樂，可以用設計去表現音樂；熱愛環保，也可透過設計去表達環保概念；甚至喜歡花草樹木，也可藉着設計去呈現……這樣的設計，才有價值！」他語重心長地說。

年輕人尋找出路時，面臨抉擇，也許會感到很迷惘。「想做甚麼？應該做甚麼？選擇在甚麼地方做？」劉小康明確地指出，「第一，找自己感興趣的去設計；第二，選定一條路後，專注發展。擅長標誌就把標誌做好，喜歡書籍就做好書籍……」

他也指出，「七十年代開始，有些文化人、設計師會進行很多跨界的活動，不少平面設計師變成水墨畫家，例如靳叔。」他自己也是從平面進入立體，從椅子開始，創作公共藝術。

論及設計的傳承，劉小康說：「我們剛出道時，只有一條路，就是找一家好公司，邊做邊學，從中汲取經驗。現在的設計行業，跟以前已經很不一樣了，年輕人有很多選擇，可以進入大師工作室學習，也可以自行創業，甚至可

深圳「靳劉高創意策略」公司開幕，劉小康（右三）、靳埭強（中）、高少康（左三）合影。

以化身成為作家、藝術家、企業家、策展人等。」

他慨嘆香港設計師專業經驗的提升不足，就因為太多小公司，互相惡性競爭。年青人畢業後，不願意追隨前輩學習，大多醉心創業，開設自己公司，所以沒法積累到一些規模較大的工作經驗。「事實上，大公司真的可以栽培優秀的設計師，例如余志光、林偉雄、區德誠、易達華等，已成為設計界的中流砥柱，我和靳叔亦引以為傲！」

2013 年，新合夥人高少康加入，公司更名為「靳劉高創意策略」。高少康原是他的學生，曾於中大藝術系修讀「創意產業」課程。

「有一年，陳育強請我去中大藝術系教一科選修課『創意產業』，讓學生認識其他創意產業，例如出版一本書，要經過甚麼程序。」他指出，透過製作一本書，可以認識出版、印刷、攝影等範疇。縱使不當藝術家，也可以有很多出路。

「高少康讀中學時，已喜歡設計，亦有興趣讀設計，但他選擇了念藝術，畢業後加入我們的公司，其後到英國讀碩士課程，輾轉再返回公司服務。」現時，高少康長駐深圳，管理公司所有的業務。

文化交流，激發創意

　　香港是一個國際化的大都會，中西文化交融，「我們在此地出生，受英式設計系統的訓練，但同時也受到中國文化的熏陶，設計出來的東西，就不一樣了！」劉小康認為，香港是保存中國傳統文化一個重要地方。

　　談到近年發展的文化項目，他說：「我們跟深圳也有合作，其中一個項目，就是南頭古城。」

　　南頭古城地處珠江入海口東岸，位於深圳市南山區附近，是歷代嶺南沿海地區的行政管理中心、海防要塞、海上交通和對外貿易的集散地。「這個古城有千多年歷史，明清時代已有城牆。本來位於海邊，其後因填海關係，才靠近內陸。它不單在行政上管轄香港，也管理香港的海防，甚至鹽業。」

　　「念書的時候，我以為香港是個一無所有的漁村，因為殖民統治，才得以發展，其實是誤解。」劉小康繼而指出，香港新界的大家族，例如文氏，他們大都是經南頭古城來到香港。據阮志博士的研究，文天祥的後代，大概有三四房人定居香港。

頓了一頓，他接着說：「文化研究項目，可以帶動創意設計產業的交流，我們為古城做『形象設計』及『文化研究』，既可以開展一些文化產業項目，也可將一些香港的創意產業帶回去展覽。透過這些合作項目，可以進行一些交流活動，重新開啟我們的對話。」

南頭古城的文化研究，主要由蕭國健教授擔任顧問。「我們發現很多有趣的事物，例如很多新界氏族與深圳的親友互有往來，還交流如何祭祖。」劉小康提到，他們在古城策劃的項目已經逐一展開，「城內已經開闢一條街道，還有文氏宗祠。我本來想帶一團香港人回去參觀、交流，甚至合作，包括著名時裝設計師文麗賢……因為新冠疫情所限，所以未能成行。」

他認為香港、深圳、珠海和澳門，可以相互合作，共建一個對外的窗口。「北京、上海早已是文化交流中心，但推動中外文化交流，香港也可以扮演一個重要角色。」

劉小康一直致力於設計產業的推動，兼任多項公職，如亞洲設計聯盟副主席、香港設計及創意產業總會主席，以及國際藝術創意聯盟學術委員會副主席等。

為了推動設計產業的交流，香港設計及創意產業總會曾與香港文聯合作，在北京舉辦展覽，展現香港的設計產

業。「11 月中，則與北京國際設計週合作，在北京農業展覽館舉行展覽，展出香港的文化創意產業項目，包括二十五項設計、二十五個文藝作品，藉以尋找合作機會。」

　　所謂「交流決定設計」，劉小康認為本地設計師應多走出去，放眼世界、擴闊視野、拓寬思維，進而提升能力，才可推動社會的多元文化，發展創意產業。

世有良琴鳴幽壑
璋德玉韻出絲絃

專訪 唐世璋

唐世璋（John Thompson），美國古琴家。1974 年往台灣學習中文及絲絃古琴。1976 年起，移居香港長洲。1980-1996 年任香港亞洲藝術節顧問。多年來，活躍於中國大陸及香港、台灣地區，曾在復旦大學、北京大學、中央音樂學院演奏古琴，並於北京國家大劇院舉辦音樂會。2010 年，獲邀與十四位古琴大師一同於浙江省博物館唐琴演奏會，以國寶唐朝古琴演奏。已出版七張絲絃古琴 CD，建立有資料豐富的中英文古琴網站（www.silkqin.com）。

初聽古琴，聽的是古琴家管平湖的作品，一曲《流水》，含蓄蘊藉、意境深邃……自此愛上了古琴，愛其古雅，更愛其婉轉細膩、韻味深長。

　　每當心緒不寧，細聽一曲《普庵咒》，琴簫合奏，定必靜斂心神，滌蕩情思。猶記得 1989 年 3 月，成公亮在香港，舉行了一場古琴獨奏會，一曲《廣陵散》，雄健瀟灑、感情深厚，聽得眾人暗暗稱絕……

　　近年，我多在家中靜聽琴曲，在外欣賞的古琴演奏會，實在寥寥可數。

大音希聲，美國琴人境界

　　2022 年 10 月底，應劉成漢導演之邀，往嶺南大學欣賞了《希聲：一個美國琴人的境界》，這齣不一樣的紀錄片，說的正是古琴音樂家唐世璋（John Thompson）的故事。電影放映後，唐世璋還即席演奏了一首琴曲。

　　劉導演是七八十年代香港新浪潮電影導演。談起拍攝的緣起，他說，「我早年在美國讀電影，1975 年回到香港

|《希聲》在嶺南大學放映後，唐世璋即席演奏了一首琴曲。

後，加入電視台當編導。」

「我在中學時，在喇沙書院念書，但已對中國文化深感興趣，在文學、歷史等科目取得優異成績。」在「無綫」和「佳視」工作了兩年後，他開始計劃拍第一部電影，加入中國音樂的元素。

在古典詩詞中，他發現了一個意象，那就是「琴」，如王維〈竹里館〉「獨坐幽篁裏，彈琴復長嘯」。「最初，我對於中國音樂的認識非常表面，不知道中國早有古琴，只知有古箏。經過資料蒐集後，我才發現，古琴屬於士大夫階層文人雅士的藝術。」其後，他寫了一個與古琴有關的故事《慾火焚琴》。

劉導演坦言，「當時的新浪潮導演，不是在美國，就是在英國念電影，大多受到西方的影響，當年西方講性解放，我們也受到莫大的衝擊。」

他覺得古琴很美，也很性感，好像小提琴。「古琴的外型苗條，線條修長，桐木質感潤滑，加上樂聲柔和、搖曳……例如琴曲中的《搗衣》，我實在覺得很性感。」在電影《慾火焚琴》（1979），他想以古琴作為配樂，但當時的古琴家，認為電影比較商業化，未能配合古琴的高雅形象，對於為電影配樂不感興趣。

唐世璋
世有良琴鳴幽壑，璋德玉韻出絲絃

後來經朋友輾轉介紹，劉導演認識了居於長洲的唐世璋，「他懂得彈古琴，願意為電影配樂。也許，他是美國人，沒有文化包袱，對配樂亦感興趣，於是我們便一起合作，這齣電影的配樂，完全交由他處理。」自此之後，彼此熟絡起來，他最初為唐世璋拍的一些紀錄片段，有點像家庭電影，那時候還沒有想過拍長片。

「我覺得他熱愛中國文化，而且積極投入推廣古琴藝術，不但做了很多研究工作，還發展建立了一個古琴網頁，貢獻甚大。」2007 年古琴家吳兆基（1908-1997）誕辰一百周年紀念活動，劉導演跟唐世璋一起前往蘇州，參加了這個盛會，他認真地拍了很多片段，開始構思拍攝紀錄片。

劉導演指出，內地的古琴界認識唐世璋，但一般人並不認識他，「他曾任職香港亞洲藝術節十多年，對推廣亞洲文化藝術亦有貢獻。古琴藝術有千年的傳統，我認為藝術是永恆的，可以滋潤心靈。退休後，我決定拍一齣紀錄片，以表揚他對中國文化四十多年的貢獻。」

唐世璋近年定居美國，但也經常回到香港來，住在長洲。我和劉導演、攝影師，一行三人，專程前往長洲，訪問這位古琴音樂家。他的家就在山頂上，老房子面對大

海，遙望遠處景色，令人心曠神怡。我們先聽他演奏一曲
《鶴鳴九皋》，然後才開始聊天，他由年幼時的學習說起，
談到將來的計劃。

幼習音樂，嚮往亞洲文化

Jonh Thompson 童年時，住在佛羅里達州，學過小提琴
和鋼琴，還參加了聖堂的唱詩班。「可是，我從未想過長大
後，會成為音樂家。」由於喜歡搖滾樂和爵士樂，他在大
學時，學習正統的西方音樂，畢業論文是《十六世紀後期
的威尼斯音樂》。

大學畢業後，越戰正酣，他雖持反戰立場，卻面臨被
徵入伍的命運，服役兩年。他被派往越南，在軍隊中擔任
文書工作，亦因為如此，有機會接觸大量的亞洲文化和歷
史文獻，還遊歷了日本、新加坡、泰國、中國台灣及香港
等地。「我感到很慚愧，因為對亞洲文化一無所知。」就因
為不懂，激發起他研習亞洲文化的興趣。從軍時，他曾閱
讀荷蘭漢學家高羅佩（Robert Hans van Gulik）的 *The Lore*

of the Chinese Lute，認識到有關古琴起源、歷史、傳說和哲學……令他對古琴產生濃厚的興趣。

他在大學時，對早期的西方古典音樂，已深感興趣，也許，正是他欣賞古琴的原因。1970 年退伍後，他在佛羅里達州立大學研究院修讀亞洲文化碩士學位，又到密芝根大學深造民族音樂學。

情傾古琴，致力學習中文

1974 年，John Thompson 前往台灣，既想學習中文，也想認識中國音樂，尤其是古琴，還給自己改了一個中文名字「唐世璋」。

「那時，我教授英文，維持生計，並學習中文和古琴。」除了學習中文，他也學習文言文，目的在於閱讀《神奇秘譜》。「學習文言文，對我來說，實在非常困難，但我的中文老師很好，讓我逐步掌握古代漢語。」他笑着說。

他先後師從民族音樂學家莊本立（1924-2001）和古琴家孫毓芹（1915-1990），開始正式進入東方音樂和古琴的

領域。在這段日子，從孫老師那裏，他學會了彈奏十七首古琴曲。此外，他對京劇（當時在台灣稱為「平劇」）也大感興趣，曾追隨一位平劇的電視節目監製為師，透過閱讀劇本、欣賞平劇，學習中文。

1976 年，唐世璋來到香港，跟隨著名古琴家蔡德允女史（1905-2007）學習彈奏古琴，半年後，由於蔡老師離港到日本暫居，他的學習才停下來。他也曾與一位友人，到北京尋覓名師習古琴，可惜，在當時的環境下，未獲批准，最後不得要領，失望而回。

| 唐世璋於 1978 年攝於長洲家中

唐世璋
世有良琴鳴幽壑，璋德玉韻出絲絃

那時在香港，他以教授英文為生，「我有一個學生，曾給我介紹一份在北京的工作，讓我可以在北京繼續學習彈奏古琴……」可是，他還是選擇留在香港，「想不到，我來港之後，一住便是二十四年。」

以譜為師，鈎尋古代琴曲

　　就在此時，他開始對「打譜」深感興趣，決定以「琴譜」為師。「學習閱讀琴譜後，我開始逐漸掌握彈琴指法，還有其他的技巧……我對西方音樂的認識，對於我學習『打譜』，可說大有幫助。」唐世璋認為中西方音樂固然不同，但部分音樂結構還是相似的。

　　「開始『打譜』後，我專注於三個層面的發展，一是演奏舊曲目，期望精益求精；二是嘗試學習演奏新的曲目；三就是繼續『打譜』……」一頭栽進了古琴的世界，他樂在其中。

　　唐世璋認為「打譜」應參照歐洲復古音樂的做法，例如在演奏和研究巴哈音樂時，應用古鋼琴而不是現代鋼

琴，做到樂器和音樂同步，以保證復古音樂的真實性；故此，他主張在彈奏古琴時，應該用絲絃而非鋼絃。

由閱讀明代朱權編纂的《神奇秘譜》開始，他踏上了古琴音樂的不歸路；從研究管平湖的藝術風格，到獨立解讀古琴早期的曲目，他鍥而不捨地鑽研古琴藝術。

1992年，他獲中國音樂家協會民族音樂委員會邀請，往北京參加「明朝《神奇秘譜》學術交流會——從現存早期古琴手本重建音樂」研討會，並成為會議的焦點之一。

此後，他繼續就《浙音釋字琴譜》作同樣工作，同時，亦研究古琴譜的節奏、調式等學術問題，並撰寫論文。

亞洲藝術，保存傳統文化

唐世璋在1980年出任香港亞洲藝術節編輯，並於1986年成為藝術顧問。他經常往返亞洲各地，觀看不同的演出，與表演藝人和藝術團體頻密接觸。「對於亞洲藝術，我深感興趣，也樂於參與推廣的工作，組織不同的表演，安排不同的藝術家來港演出。」

「亞洲的傳統藝術，與當代藝術是息息相關的。除非有足夠的年輕藝術家認識、了解這些傳統，否則，大多數傳統藝術將會失傳。如果有更多人學習這些傳統藝術，人們便會更積極地保存。」他還認為，亞洲藝術不僅包括傳統的部分，也涵蓋了為亞洲傳統藝術作出實質貢獻的當代藝術工作者。

　　除了亞洲藝術節的工作，在這段期間，他先後將《神奇秘譜》翻譯為五線譜的手寫稿，而且在亞洲各地演奏古

| 唐世璋夫婦合照

| 上圖：唐世璋在美國家中彈奏古琴
| 下圖：唐世璋於杭州西湖畔彈奏古琴

唐 世 璋
世有良琴鳴幽壑，璋德玉韻出絲絃

琴，還出版了七張絲絃古琴音樂專輯和四本古琴五線譜。

　　唐世璋雖然在基督教的家庭中成長，但他的母親是猶太人，而他就在香港羅便臣道的猶太教堂認識 Suzanne，時為 1999 年，他們在 2001 年 1 月 6 日結婚，接着，因為妻子在紐約工作，兩人回到美國定居。

　　離開香港，卸下香港藝術節繁重的工作後，他將大部分的精力和時間，集中於古琴音樂藝術的研究工作。此外，還教授美國學生學習古琴，他認為，「通過古琴，可讓學生們認識中國，進而了解中國的文化。」

　　唐世璋不僅研究大量的二手資料，還閱讀大量的古文，從原始資料裏研究樂器的背景、音樂、琴師及琴曲等相關文化，還提出了傳統上撫琴自娛，或琴友之間相彈共樂的觀念。

　　2018 年 5 月，他曾往北京和杭州，演出「馬可・波羅時代音樂」，在〈古琴復古風格演奏的一些問題〉（“Some Issues in Historically Informed Qin Performance”）一文的註腳中，他提到，「我們應能使用朱權的琴譜來重建人們於十三世紀杭州彈奏的音樂，而且馬可・波羅稱他到過杭州，也在這個時代。」這正是他透過對中國古代音樂、中西交流歷史的研究，所作出的推想。

推己及人，建立古琴網站

自 1990 年開始，唐世璋建立了個人的古琴網站（www. silkqin.com），「我建立網站，最初只是為了儲存、整理自己的資料，以作個人搜索之用，想不到，助己亦助人。」多年來，他從來沒有停止過對古琴藝術的追求探索，所得的成果，全部都呈現在這個精心經營的網站內。

進入這個網站，有如閱讀一本古琴的百科全書，其中有十四個大欄目，如「琴譜」、「古琴物件」、「古琴與書畫」、「琴詩與琴歌」、「古琴歷史」、「琴道」、「雜說」等，可謂琳琅滿目。

至於下一級的小欄目，則更為豐富，例如在「琴譜」欄內，附有「現存琴譜」、「琴書大全」，以及對琴曲「幽蘭」、「神奇秘譜」等的介紹；又如在「雜說」欄中，包括了「絲絃古琴簡介」、「查阜西之《1956 年古琴採訪工作報告》」、「德國人 1912 年的古琴錄音」等，資料之多，實在令人目不暇給。

上列的標題，僅是冰山一角而已，其內不僅有琴書、琴譜、琴曲的詳細目錄，從網站中的 CD，更可以聽到六十

上圖：唐世璋沉浸於古琴的世界中，自得其樂。
下圖：自 1990 年開始，唐世璋建立了個人的古琴網站。

多首由他精選的古琴曲。這個古琴網站，內容極為**豐富**，作者所花的心血和情思，全已融匯其中。

在早期，唐世璋花費了不少精力，把鑽研所得的古琴故事、哲學和音樂理論**翻譯**為英文，把大量古琴曲**翻譯**成五線譜；到後期，則致力於建立古琴網站，內蘊瑰寶，實在令人驚歎。

現時，唐世璋已從古代的琴譜中重建了二百多首古琴曲，而在他的網站上，每首琴曲均附上深入詳盡的音樂歷史、理論……網站雖然有不少中文資料，但大部分的分析和研究，都是以英文撰寫的，尚有待譯成中文。

面向未來，推廣古琴藝術

唐世璋曾居住在不同的城市，因為他的妻子經常被派往不同的地區工作，如新加坡、孟買等地。可是，他們很喜歡香港，所以選擇了長洲作為基地。他說：「每年，我們都會在香港住上一兩個月。」

一直以來，他在古琴方面的演奏、教學、研究和演講

工作，從未間斷。「當我『打譜』、彈琴時，仿如與古人『對話』，琴音之美，令人迷醉。那種感覺，實在非筆墨所能形容。」

在古琴的領域，唐世璋的研究相當全面。他致力於恢復早期的琴曲，不僅分析了每首琴曲的調式與旋律特性，亦研究其變化與發展，並不斷地擴充、更新這些研究，還以音樂重建理論為基礎，恢復古代的傳統，以「復古風格」的演奏見稱。

除了彈奏琴曲，他也愛唱琴歌，「也許，這跟我自小參加唱詩班有關，我喜歡唱歌，有人欣賞我唱的琴歌，但也有朋友指出我的唱法不當，認為應該用崑曲的唱法去演繹。」

現時，唐世璋已七十七歲，其妻亦已退休。談及未來的計劃，他說：「我希望可以多留在香港，繼續『打譜』、彈琴，做研究工作。」

對於苦心經營的古琴網站，他期望大專院校、學術機構中的有心人，可以提供協助，將網站持續發展下去，繼續推廣古琴藝術。例如多作翻譯工作，將英文資料譯成中文，讓更多人可以運用網站內所儲存的資料。

想不到，一個偶然的機遇，觸發了他長達四十多年的

文化經歷——對中國古琴音樂的學習、演奏、研究和推廣。

唐世璋自 1974 年開始學習彈琴，其後又學習「打譜」。多年來，他收藏了十二張古琴，其中最珍貴的是一張「明琴」，「此琴購於 1999 年，由朋友轉讓，還不算太貴，現時寄存在亞利桑那州一間樂器博物館內。」名琴可遇不可求，他坦言：「我渴望擁有一張『宋琴』，不過，與其苦苦等候，不如努力彈奏，總有一天會遇上良琴的。」今時今日，他寧取安靜合適的彈琴環境。

訪談時，他還彈奏了《酒狂》和《列子御風》兩首琴曲。他指出，推廣古琴，對作品的解釋必須準確，尤須雅俗共賞，因為聆聽者欣賞的深度，與他們在音樂、歷史、哲學方面的理解有莫大的關係。

「我對中國文化特別感興趣，研究古琴既是我的工作，也是我生命中最重要的組成部分。」唐世璋的真情告白，正正反映了他對中國文化和古琴的熱忱。

難怪劉導演要為他拍攝紀錄片，藉以彰顯他對推廣古琴藝術的貢獻。

唐世璋
世有良琴鳴幽壑，璋德玉韻出絲絃

藝臻七拾隨心往
遊逸建築水墨間

專訪　馮永基

馮永基 JP FHKIA AIA（Hon），建築師、藝術家。關注香港城市設計、建築藝術、文化發展，熱心公共事務。現為香港中文大學建築學院兼任教授、康文署博物館榮譽顧問、香港故宮文化博物館入藏委員、香港藝術中心節目委員、芝加哥大學（香港校園）古蹟委員、香港海事博物館學術委員等。著作包括《馮永基的藝術人生》、《誰把爛泥扶上壁》、《你所不知的香港建築故事》、《七拾回顧展》、*Untold Stories-HK Architecture* 等。

馮永基曾任職建築署，也設計過近百個香港公共建築項目——從大會堂低座紀念花園、西貢海濱公園、尖沙咀海濱花園、心經簡林、濕地公園，到山頂公園……這位前高級建築師，自 2008 年退休後，專注於水墨畫的創作，為人生下半場開展另一個高峰。

2023 年 2 月，馮永基在西九龍藝術展亭，舉辦了「七拾回顧展」，主要涵蓋畫作、裝置藝術、建築模型、雕塑、針筆畫手稿等不同媒介的作品。走過的七個十年，人生難免有高低起落，藉着七次的撿拾，他重新檢視自己在建築與水墨之間的互動與創作，見證香港七十年間的變化。

近日，他的「『七拾』水墨心境　時空賦能：馮永基藝術展」於廣東美術館舉行，同樣以藝術與建築為主線，展出逾百項不同媒介的創作。

展覽開幕後，馮永基回到香港，趁着空檔，可以接受訪問。在他的畫室裏，我們聊了半天，談藝術，說人生。

艱苦歲月磨鬥志

生於 1952 年的馮永基，因父親早逝，家境清貧，自小寄居於親戚在荷李活道的唐樓，母親是幼稚園的清潔工人，終日為口奔馳。小學時，他入讀大坑道的瑪利諾修女學校（Maryknoll Sisters' School），「小時候的我，很『鵪鶉』，與現在截然不同⋯⋯就讀名校，也許是個錯誤。同學非富則貴，從生活到思想，跟我大有分別，大家難以溝通，令我感到好孤獨，也缺乏自信。」儘管生活艱苦，但他學會自尋樂趣。

每天放學後，他在中環的大街小巷隨處遊逛，穿梭於不同的建築中，以紙和筆，將一棟棟城市建築描繪下來。「我喜歡繪畫，在創作中，找到自己歸宿。」他經常在學校贏得繪畫比賽，八歲時的畫作，已刊於學校的校報，筆下可見昔日的中環面貌。

由於得到學校修女的推薦，從十歲開始，他每星期投交畫作到《南華早報》的 Children's Corner，而且屢獲刊登，贏取十元稿酬，也因而惹來非議，報章還特別為他做了一個專訪，澄清他並不是「報館中人」的事實，以釋讀者的疑慮。

左圖：小時候的馮永基

右圖：馮永基出身基層，人生第一次遠行，是喪父後隨母回鄉向婆婆交代父親
的後事。

馮永基
藝臻七拾隨心往

瑪利諾中學不收錄男生，至小六時，修女便安排他轉往聖類斯中學繼續升學。這間男校，重點培養理科人才，與他的稟賦格格不入，幸而，他遇到一位很好的美術老師葉哲豪，義務教他繪畫。馮永基勉強捱了三年，至中二那年，除了美術外，其他科目的成績遠遠追不上學校要求，結果被踢出校。「我簡直如釋重負！」他笑着說。

　　他很快找到了容身之所——位於高街的私校威靈頓書院。「中三轉讀『威記』，學費好貴，幸好申請到助學金。我如魚得水，學業成績明顯進步，重拾自信，還參加了學生會活動⋯⋯」他離開聖類斯後，葉老師仍在課餘時間，繼續教他繪畫，「我認真學習，交足功課，五年時間，為我打好傳統國畫的基本功。」一直以來，他還跟這位老師保持聯絡。

　　捱過艱苦歲月，馮永基在中五會考時，美術科成績出眾，但他對於前途，仍不敢奢言夢想，只希望能藉着繪畫謀生。

人生路上歷練多

　　馮永基在公開試的成績不錯，可惜被工專的設計學系拒諸門外，但胡裏胡塗的，卻考進浸會學院傳理系。他記得面試時，「系主任余也魯問我有甚麼專長，我說畫畫，還即席為他畫了一幅人像素描，結果獲得取錄。」時為 1971 年，同學有梁家榮、趙應春等。

　　他喜歡閱讀報章，亦關心時事，念傳理系，成績也變好，但所學的與繪畫始終風馬牛不相及，讀了兩年後，他質疑自己是否適合做記者，於是萌生去意，決定離開傳理系，申請攻讀美國的大學，期望做一個真正的大學生。

　　因郵遞延誤的阻滯，他最初只收到次選大學的入學通知書，唯有無奈接受，在阿姨的協助下，衝破重重難關，感動了負責面試的領事官員，讓他破格過關，加上母親的積蓄、親戚的經濟支援，才得以踏上征途，入讀路易斯安那州西北州立大學（Northwestern State University of Louisiana）。

　　輾轉半年後，他才收到首選大學的入學通知，於是轉往路易斯安那州立大學（Louisiana State University）。求學路上，

曲折多變，他嘗盡艱辛，從新聞系轉到社會系，繼而轉讀藝術系，最後踏進建築系。

「讀建築，是因為得到一位來自香港的女士——馮貴梅的啟發，她說美式教育制度靈活，鼓勵我嘗試。我找系主任商量，結果成功轉系。最初一年，我『追』得好辛苦，幸而有繪畫根柢之助，總算過關。」

為了賺取學費和生活費，他身兼數職，「我試過同一時間做三份工，每天清晨起床，在化工廠做工，九時上課，午飯時在大學飯堂洗碗碟，週末還要在華人餐館當侍應，忙得同學都不知道我是誰，老師也常常見不到我，覺得我對學業不夠投入！」在那段日子，他過着「朝四晚十一」的非人生活。

五年的留學生涯，對馮永基來說，是人生重要的歷練，讓他學會了待人接物之道，處事也比較圓融。他強調，「做建築師，最緊要 EQ 好！」

公共建築圓夢想

　　1978 年，馮永基取得建築學士後，回港發展，此時正值香港經濟起飛，條件優厚的選擇不少。「念書時，我早就聽過貝聿銘和何弢的名字，也看過何弢所寫的文章，回港前，更寄出求職信，豈料竟有回音。」面試後，他進了何弢的設計公司工作，向名師學習。

　　「我最欣賞何弢的博學與堅持，他是真心熱愛建築的人，對每個項目都充滿熱情，拚勁十足。」雖然只在這公

| 1978 年，馮永基（第二排左三）在何弢的設計公司與同事合照。

司工作了一年，但他終身視何弢為恩師，「最難忘的，是他經常請來知名人士舉行午餐例會，讓我眼界大開。我從他身上，學會了謙卑，也學會了如何關懷身邊的人。」

其後，馮永基轉投王董建築師樓，主打設計，每天工作十至十二小時，甚至通宵達旦，拚搏作風依舊不變，故備受賞識，負責重點的工程，包括愉景灣第一期住宅、愉景灣高爾夫球會會所，以及深水灣的名人大宅等。在私人公司，服務對象多為富豪，「這與我的性格不大協調！」他直言不諱。

1984 年，他毅然離職，加入政府的建築設計處。那時辭職，很多人以為他另起爐灶，「其實，我了解自己最愛設計的是公共建築，選擇進入政府機構工作，就是看不過眼，想改善香港的公共設計，所以寧願減薪也要走。」

踏入官場的第一項工程，是處理街市的「雞毛淤塞渠道」問題，他笑稱自己是「通渠佬」。這個「拚命三郎」不習慣公務員的工作節奏，只做了一年零三個月，完成了人生首項公共建築——「柴灣體育館」後，他又重投商界，在周氏建築師事務所擔任設計總監，完成了多項「居屋」項目。

到了 1988 年底，為了「以設計為本」的目標，爭取更

多自由發揮的空間，馮永基重返「官場」，加入建築署，被調派至「特別任務與設計」專責單位。1992 年初，獲推薦到美國紐約深造，在貝聿銘的建築事務所上班，其中最令他感到興奮的，是一瞻偶像的風采，與貝聿銘見面暢談。「貝聿銘是著名的建築師，但他非常親切，我也感受到他對建築的熱忱和堅持。」謙卑和熱忱，對他影響至深，也成為他堅持追求完美的信念。

這一趟回巢，他做了二十年，直至五十五歲退休，其間負責的公共建築項目，設計破格，亦屢獲殊榮。在三十多年的建築生涯中，他感到最遺憾的，就是未能設計一幢博物館。

| 馮永基（前排左）在建築署的團隊，後排左二為現任房屋局局長何永賢。

「班門」歲月展理念

　　馮永基最滿意的作品，首推香港濕地公園，談起這個「本地設計建築」的成功例子，他說：「這個項目，可說是向建築大師安藤忠雄致敬，以清水混凝土作為主要建材，呈現原始純樸之美。」設計以達致「協調、環保、文化」三大目標為方向，「我覺得建築應以人為本，可用人性層面切入，讓人感受設計背後的理念。我比較着重圓融，建築應與周遭環境、市民生活和諧共融，一棟和外界斷絕連繫的獨立建築，即使多美觀、多獨特也好，如未能融入當地環境，都不算是好建築。」

　　至於大會堂低座紀念花園，這座歷史性的建築，對他亦別具意義，「一件 Memorial Art，對仍在世的建築師來說，是難得的鼓勵。」香港大會堂成立於 1962 年，至三十周年時，曾進行翻新工程，低座及紀念花園由他主理。「重新構思的紀念花園，分為『靜態』綠林區及『動態』流動區，並以水體營造安寧祥和氣氛。水體設計原為一條水道，後因市民投訴，被逼改為現在所見的花槽，紀念龕則改由水池圍繞……」他慨嘆「水體園景」的設計，是設計

香港濕地公園的夜景

馮永基
藝臻七拾隨心往

香港濕地公園

師的噩夢，可能因為一個簡單的投訴，便足以摧毀原來的設計或設施。

　　馮永基還特別提及其臨別之作，退休前，他曾自動請纓，要求參與山頂公園的重建工程，將柯士甸山遊樂場、同樂徑及盧吉道環山徑的公共設施，如涼亭、街燈、欄杆、花圃等，全部換上舊日英式風格的設計，除去不協調的感覺，盡量回復殖民時期的面貌。

　　「這是為了尊重歷史，讓香港市民知道山頂原有的獨特景色。我對香港的歷史，一直有濃厚的興趣，也許是經常聆聽丁新豹博士演講，受到他潛移默化的影響，對於山頂的歷史發展脈絡，亦有所認識。」談及歷史建築，他娓娓道來。

　　他曾負責香港首項活化歷史建築工作，將舊灣仔郵政局翻新成環境資源中心，亦曾參與 PMQ（元創方）的保育工程。「保育要着重細節及協調性，很多失敗的活化項目，就因為沒有跟隨歷史樣貌，弄得面目全非，那不是活化，而是轉化，變成另一棟建築而已。」

　　「身為建築師，當然希望設計優秀的作品，除了美學方面的考慮，還要履行社會責任，讓市民能夠有欣賞公共建築的機會。建築也不一定是立體的空間，可以是無形

| 大會堂紀念公園

空間，甚至是大自然空間。我的原則是 Building Less for More……」他期望香港建築的規模可以縮小一點、輕盈一點，多留些空間供市民享用。

「我的建築和水墨都重視留白，兩者皆是『有必要的留，沒必要的捨』。」留白不是一片空白，而是一個反思空間。喜歡留白的馮永基，其人生也一樣，總是恰如其分。

| 山頂公園

情繫藝術顯創意

　　知所進退，是馮永基的人生態度，完成重建山頂公園的歷史任務後，他便離開建築署。「我做了多個自己喜愛的建築項目，例如濕地公園、尖沙咀海濱長廊⋯⋯亦贏取了好幾個建築獎，建築署的同事已建立很好的團隊精神，我覺得是時候開展人生的新路向。」離職那天，正好是 2008 年 2 月 14 日，他選擇以人生的另一階段，作為情人節禮物，送給太太，確是別出心裁。

　　退休後，他並沒有停下來，由建築師轉型為水墨畫家，他不忘初心，致力創作。「藝術需要長時間的浸淫，我想做藝術家，所以要專心創作。」

　　自小學開始，他已繪畫多年，1984 年是轉捩點，他首次於置地廣場舉辦人生第一個個展，逐步建立自己的個人風格。他笑稱往後就開始在藝海浮沉，接觸不同的畫廊，以及參觀世界各地的展覽。而 1989 年，則是其創作的分水嶺，作品入選哈佛大學巫鴻教授策劃的「中國的新風貌 1984-89」展覽。

　　他一直創作不輟，作品《魚蛋》曾入選 2018 年威尼斯

建築雙年展，呈現了香港急速、高效、便捷的面貌。《千秋》則為極具紀念意義的作品，獲選為巴黎當代藝術博覽會 2019 十大佳作之一。

他早年跟隨師承黃君璧的葉老師習畫，汲取了傳統的水墨養分，但他認為，創作不應囿於傳統，「我不想單純追求前人的技法，更不想承襲歷代大師的風格，藝術創作，要懂得融會貫通，才能走出自己的路，發揮自己的個性，塑造自己的特色。」

十多年來，他專注於水墨畫的創作，近年開始嘗試裝置藝術，他指出目前香港藝術裝置的發展趨勢很好。「長期從事水墨創作的朋友，可能比較安於現狀，但我想將水墨與裝置藝術結合，重新演繹，嘗試突破傳統的水墨形式，不以傳統的筆墨來處理作品。」

他認為裝置藝術可以令水墨畫脫離二維空間，加強其思想性，例如作品《千秋》，呈現三維空間，讓不同文化背景的觀眾較易理解，彼此找到共通點，可以互相分享。他一再強調，作品不分國界，無論東西方藝術，通過不同媒介表達出來，都可以呈現世界真實的一面。

馮永基的作品《魚蛋》入選 2018 年威尼斯建築雙年展

七拾回顧呈異彩

　　談及現時在廣州舉行的展覽，馮永基說：「這個『七拾』展，主辦單位是廣東美術館，原先計劃在 2022 年的 7 月舉行，但因為疫情影響，延遲了差不多一年。2023 年 2 月在香港舉行的『七拾回顧展』，是後來居上，由西九供應場地。」有機會在生於斯、長於斯的香港舉行大型的展覽，一直是他的心願。

　　他是香港首位在廣州開辦個展的畫家，廣東美術館特別安排在 5 月 27 日——他生日的一天舉辦開幕典禮，猶如慶生盛宴，實在別具心意，令他非常感動。

　　先後兩次展覽，同樣以「七拾」為題，展現他對建築、水墨、乒乓球的熱愛，作品涵蓋水墨畫、建築圖片、建築模型、裝置藝術、影片等多種藝術媒介，透過不同的創作系列，呈現他人生的不同階段、創作的心路歷程，以至對城市空間、環境保育的關注。

　　「七個十年，我拾起好多東西，例如友情、機會、人情世故……透過展覽，正好回顧多年來的點點滴滴。」他以「告別建築、重拾筆觸，相濡以沫、開心知足」，盡訴心聲。

装置藝術《乒乓》呼應展覽命題，遊走於建築和藝術之間。

馮永基
藝臻七拾隨心往

牆上展現馮永基的指印影像，以及高高掛起的七片瓦片，組成《拾起》。

在建築方面，他精選了二十四個別具意義之作，既有難得一見的「針筆畫」，包括《港島北》（1985）和《建築透視圖》（1978）；也有濕地公園、尖沙咀海濱、班門弄等模型，從設計中展示他對建築的一套見解及一份堅持。

展覽中最特別的一環，是一件由舊建築瓦片鋪砌出來的特大裝置《乒乓》（2023）。「乒乓球是我至愛的運動，球來球往之間，拼湊成我與建築和水墨的兩份情緣。」他將從《乒乓》中所拾起的七件瓦片高高掛起，與牆上的指印影像，組成裝置《拾起》（2023），代表七段起起落落的人生階段。

此外，他還為合作團隊每人做了一個剪影，在場內展出，藉此表達自己對他們的欣賞和尊重。

水墨心境賦流形

繪畫方面的展品最多，橫跨數十載，各具代表性。「我熱愛自己的城市，也畫了不少以香港為題材的作品。」如《細說當年》（2009）、《河山》（2022）等。

隨着年紀漸長，他近年的創作聚焦於更廣闊的世界，

探討、反思地球的問題。「水墨畫也可以發聲，以藝術對全球暖化作一個回應，提醒大家不要忘記人類對地球環境造成的破壞，空氣和水的污染……」展品包括《暖化》（2019）、《生命》系列（2022-2023）等，反映他嘗試運用實驗性的素材，以作品去詮釋個人的價值觀。

至於配合展覽主題的《七拾》（2022），則是一套七聯屏水墨畫。作品總長超過六米，在筆墨流動間，潑灑出不同的風景，映照出時間的流淌，折射出更深層次的心路，似斷還連的排比，併合出來的畫面中，隱隱透着龍的形態，呼應藝術家的生肖。

展覽中放映又一山人為他製作的紀錄短片，透過訪談，以直白的語言、平易近人的敘事手法，呈現他的生活面貌，如實地描述了他的建築與水墨理念，片中的他揮舞着乒乓球拍，發球、拉球、擋球、殺球，令人印象難忘……又一山人還以動畫形式，將其大型水墨作品《千秋》，重現觀者眼前。

「建築是對別人、社會的使命，而藝術創作，則是我對自己的使命。」馮永基表示，整個展覽不僅單純地展示作品，更重要的是引領觀眾穿越作品背後，理解他的藝術觀與人生觀，從視覺、文字跨越物質的理念，進入更深層次的思考。

《細說當年》

馮永基
藝臻七拾隨心往

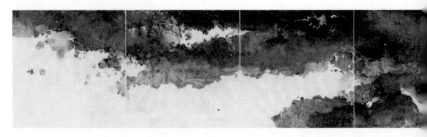

|《河山》

|《七拾》

馮永基
藝臻七拾隨心往

馮永基
藝臻七拾隨心往

《生命》系列之（15）（16）（17）

從心所欲不逾矩

　　以往，馮永基喜歡為自己的人生作出規劃，每隔十年便訂定一個指標，雖然沒有贏在起跑線，但他不斷努力追尋生命的意義。從建築師的崗位退下來後，除了重拾畫筆外，他還在中大建築系教書，又義務教畫。「在我的人生中，曾遇到很多幫助過我的人，自己有能力，也希望幫助其他人。」

　　他教學生習畫，亦以十年為期，「學生全都是我的朋友，在開首的五年，我先從現代水墨入手，培養他們的興趣；接着五年，才教傳統的筆墨技巧，我不想學生早就苦練基本功，導致他們陷入僵化的危機。」他認為指導現代人學習繪畫，先要讓他們保持興趣，才可以繼續下去，而創作的意念、思想，比技巧更為重要，並已計劃於 2024 年 5 月，為學生在香港藝術中心舉辦結業展。

　　此外，縱使不再任職建築師，他也一直參與不同委員會的諮詢工作，為市民發聲。同時，他也曾擔任香港建築中心的主席，致力於建築教育、舉辦導賞團，對於推廣建築的工作，樂此不疲。在 2016 年，他出版了著作《誰把爛

泥扶上壁》，以自傳形式，自述半生傳奇，並通過個人的閱歷，道出建築背後的故事，讓讀者可以重新認識不一樣的香港。

2022 年，他意猶未盡，跟年輕的建築師合作，編寫《你所不知的香港建築故事》，「以團隊挑選的建築為經，與設計師感性對談為緯，分享不為人知的建築故事」，藉以償還多年心願，期待讀者從建築、藝術及生活中領悟「縱非主流，無阻細水長流」的涵義。

馮永基的畫室，位於灣仔藍屋附近一條寂靜的小橫巷，面對北帝廟，由落地玻璃窗往外望，百年的老建築，古意盎然，室內室外，仿如兩個世界。我們在乒乓球枱的兩旁，相對而坐，像走進不同的時空。

眼前的 Raymond，滿頭白髮，衣着素樸，深灰色上衣、白色長褲。在將近四個小時的訪談中，他侃侃而談，語笑盈盈，從昔日的遭遇說起，坦率地分享他一段復一段的心路歷程。

今時今日，他心態漸漸改變。「我在創作這條軌道上，已顛簸多年，到了七十歲，策劃了兩個大型展覽，將以往曾涉獵過的作品，逐個審視，然後鋪陳出來。展覽過後，我覺得可以下車了，到了可以放下的年齡，可以放任一

些。所謂適可而止，活到了這個年紀，不能天天衝刺，要保持心態平衡。」他期待在輕鬆的環境下，隨遇而安，好好感受世界，讓一切自然發生，不再需要一個「目標為本」的規劃。

孔子說過：「七十而從心所欲不逾矩。」從心所欲，是人生最自由的境界，也是看破世情，泰然面對成敗得失的表現。

七十歲，在人生旅途上轉了一個圈，但願馮永基下車後，可以重新上路，從心所欲，逍遙自在，率性而為，遨遊於藝術的天地中，創造出更破格、更自我的作品，讓人生變得更美好。

馮永基
藝臻七拾隨心往

舞蹈是生命、是開端、是結局、是過渡、是故事

專訪 伍宇烈

伍宇烈，香港舞蹈藝術家。涉獵當代舞、芭蕾舞、戲劇、古典音樂、無伴奏合唱，以至舞台佈景及服裝設計等範疇。積極參與城市當代舞蹈團（CCDC）及本地不同藝團演出，並多次獲獎，包括香港藝術家聯盟藝術家年獎（編舞）（1997），第6屆法國 Rencontres Chorēographiques Internationales de Seine-Saint-Denis 編舞獎（1998），香港舞蹈年獎傑出成就獎（2012）、傑出編舞（2019）及香港藝術發展局年度最佳藝術家獎（舞蹈）（2013）。「一舖清唱」聯合創辦人，現為該團藝術顧問。2011-2013 年間為香港小交響樂團駐團藝術家。2021 年起擔任 CCDC 第四任藝術總監。

小時候，身邊的同學念書之餘，大多學習樂器，如鋼琴、小提琴……而習舞的比較少，且以學習芭蕾舞居多，毛妹、王仁曼……是報章上常見的名字。

　　那些年，學校課外活動的舞蹈班，亦多以教授中國舞為主；至於現代舞，大概到八十年代，才開始逐漸為人所認識。

　　「城市當代舞蹈團」（CCDC），創立於 1979 年，是香港首個全職專業當代舞團，屹立於黃大仙沙田坳道，長達四十二年之久。這個香港舞蹈界的「老字號」，原址於 2021 年 10 月底被收回，遷往大埔，開展新的一頁。

　　兩年後的 7 月，我來到大埔藝術中心，與 CCDC 的藝術總監伍宇烈（Yuri），暢談了四個小時，聊的，就是舞蹈。

幼隨名師習芭蕾

一切從六歲開始。「那一年，媽媽將我送到王仁曼芭蕾舞學校，學習芭蕾舞，學校就在禮頓道，離家比較近。」伍宇烈小時候，家住耀華街，就在今天的時代廣場後面。「我看着時代廣場興建，也看着電車總站拆掉。」時代的變遷，烙在他的心中。

母親是中學校長，父親接管家族的生意，但熱愛演戲。「爸爸與鍾景輝是崇基學院的校友，曾一起演出舞台劇。工廠生意結束後，他曾以藝名陸阡演戲，做過《天才與白痴》、《七十二家房客》等。」Yuri當年的演出，父親看完後，亦會跟他討論，對他的藝術修養，也有一定的影響。

萬綠叢中一點紅，學生之中，就只有他一個男孩子，他本身亦具備足夠的天賦條件，備受老師寵愛。他坦言：「學跳舞，我不介意被人家取笑，而學習環境亦非常正面，在讚美中成長，所以學得很愉快。」他從小學習，循序漸進，一點也不覺得辛苦。「我喜歡音樂，跳舞要配合音樂，老師令我對音樂有想像……」

| 左圖：伍宇烈六歲開始學習芭蕾舞
| 右圖：小時候的伍宇烈，在舞蹈室中留影。

在灣仔呂祺官立小學畢業後，他升讀香港華仁書院。
「在芭蕾舞的世界，我叫 Yuri，至於在學校，我就是伍宇
烈。」進入青春期，在十四五歲時，他曾往英國參加比賽，
因為落敗，導致信心大失。「我也有動搖的時刻，當時想
過，是否還繼續跳下去？」

「我不敢說跳舞是消遣，但對我來說，跳舞可以消磨時

伍宇烈
舞蹈是生命、是開端、是結局、是過渡、是故事

| 伍宇烈年輕時的舞姿

間，並且認識自己的身體。我好享受看到鏡子中的自己。
芭蕾舞有規範，要求精準，老師也期望我們能做到完美，
這就是樂趣的一部分。平日上堂好開心，王仁曼老師不斷
鼓勵我做即興創作，可以隨着樂聲，翩翩起舞……」說起
當年的經歷，Yuri 細細道來。

人生首個轉捩點

1979 年，家人安排伍宇烈往加拿大，在多倫多附近的小鎮讀 High School，可是，就在上機前夕，獲得芭蕾舞學會頒發的獎學金，一年後可往英國深造芭蕾舞，這是個難得的機會，大家都夢寐以求，「在此之前，我從沒想過以舞蹈作為自己的事業！」

在小鎮念書時，「跳舞不能停下來，所以我報讀了芭蕾舞學校，但老師覺得我的水準很高，所以推介我到多倫多學跳舞，每週一次，讓我有更大的發揮空間。」豈料，加拿大國家芭蕾舞學校竟然取錄了他，入讀後，除了習舞，還可以兼顧學業。

兩年後，他前往倫敦皇家芭蕾舞學院進修，1983 年贏取了英國珍妮特國際芭蕾舞比賽金獎，同年，返回加拿大，加入加拿大國家芭蕾舞團（The National Ballet of Canada），正式成為職業舞者。

該團每年都舉辦編舞工作坊，「我二話不說，便報名參加。除了編舞，還設計服裝，邀請了十九歲的同事 Julie Adam 跳舞。」Yuri 拿出場刊，詳細解說。

他首次編排的作品 *Rough Sketch*，配樂是蕭邦的鋼琴奏鳴曲。「演出後，報章對我的作品沒有評論，卻盛讚那位舞蹈員金黃色的頭髮，好漂亮！」他聳聳肩，笑着說。

此後一年一度的工作坊，他都會報名參加。「工作坊提供了一個自由的空間，讓我編舞，當然要爭取機會，因為可以隨心所欲，一展所長，也可以學到很多東西。」駐團七年，這方面的磨練，對他在編舞方面的發展，奠定了很好的基礎。

1985 年，一所小型的芭蕾舞學校找他改編 *The Nutcracker*（《胡桃夾子》）。「《胡桃夾子》有多個版本，我當然跳過傳統的版本，但這間學校的舞台較小，而且要面對學生，所以要作出全新的編排。」他將故事背景設定在 1920 年代，將主角 Clara 變成男孩，Uncle 則化身為 Aunt，以美國第一位女飛行師 Amelia Mary Earhart 為原型。「我選擇了高年班的女學生做 Aunt Agatha，每個週末去學校排舞，花了一年時間，結果演出很成功，很有滿足感。」他接受了機會，而且成績亮麗，無形中為日後的編舞工作，撒下種子。

談到這次「性別互換」的改編，他意猶未盡，繼續說下去，「當時，我好迷戀 Art Deco（裝飾藝術）、Art

Nouveau（新藝術），華麗的線條，魅力奔放，精準、唯美、簡單、乾淨、到位、和諧⋯⋯與芭蕾舞的要求息息相關，令我非常着迷。」

｜ 胡桃爆竹「甩隙咔」

從加拿大回港後，伍宇烈也曾為《胡桃夾子》編過幾個不同的版本。

1997 年，CCDC 邀請他編一個新版本，「我將原劇的背景改為農曆新年，說的是炮仗的故事，*Nutcracker* 變成了 *Firecracker*（《糊塗爆竹賀新年》）⋯⋯主角躺在醫院，馳聘在想像的空間中，看到的所有東西，全是紅色的，糖梅仙子化身為紅色娘子軍，最後，小朋友取出紅簿仔請她簽名。」

至 2010 年，Yuri 又跟香港芭蕾舞團合作，將這個故事重新演繹，場景移到六十年代動盪的香港，帶領觀眾穿越時空。他將主角改為派利是的德叔，透過其經歷，呈現一幕幕集體回憶⋯⋯結合創意、自省、重構，展示出個人對

時代和社會的真實體會。

然後，到了 2021 年，Yuri 加入 CCDC，擔任藝術總監，又重編了《胡桃夾子》的新版本，講述一個「紙皮盒城堡」內的故事。也許，「食字」是伍宇烈的創作偏好，他將 *Nutcracker* 的諧音化為《甩隙咔》，從主角黃老伯出發，描述面對「老化」的心路歷程。「老化是一個過程，人們感到現在跟以前不一樣，感到害怕在所難免。」他如是說。

副藝術總監黃狄文（Dominic）在舞台扮演黃老伯，在群舞演員間穿梭，「我讓他在第三幕，不停地慢慢繞台打連

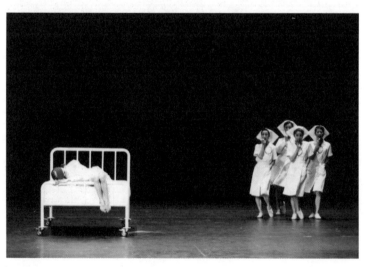

| 《糊塗爆竹賀新年》（1997）劇照

|《甩隙咔》（2021）劇照（Yvonne Chan 攝）

伍宇烈
舞蹈是生命、是開端、是結局、是過渡、是故事

串的側手翻。」這是為了傳遞老伯伯的辛酸，抑或是反映中老年舞者的心境，道出時間的無情？觀眾可以自行詮釋。

「《胡桃夾子》的音樂非常動聽，故事亦可以衍生很多想像空間，隨着年紀漸長，我亦有不同的意念，所以一再改編。」他道出創作背後的心聲。

| 重回舊地邁向前

九十年代初，伍宇烈回到香港後，專注編舞，他第一齣作品，就是為 CCDC 創作的《單吊・西・遊記》（1993），開始合作後，仍不時為 CCDC 做編舞和設計工作。

此外，他曾先後跟多個藝術團體及組織合作，包括香港芭蕾舞團、香港舞蹈團、香港話劇團、進念・二十面體、非常林奕華、台灣果陀劇場、台灣雲門舞集二團等。

他喜歡以中國題材編舞，為香港芭蕾舞團創作的《梁祝學堂》，就將背景設定為 1957 年的中國內地，別有創意；而《新中國芭蕾——青蛙王子》（2013）則把格林兄弟的童話移到清末。

他跟香港舞蹈團的合作，為數亦不少，早期作品如《初華篇》中的〈望鄉〉（1995），Yuri 在場刊說：「有幸今天可以從一個抒情的角度看我的出生地……我的鄉下……」近年則有《少年遊》（2015），以三代舞者背後的故事為經，以全新視角詮釋《春江花月夜》、《獨步》、《雨夜》等經典之作。在《如夢令》（2006）中，他擔任藝術策劃及視覺美術指導，由四位女編舞家負責編排舞蹈，「舞中的道具，如布、扇、手巾、傘，水袖……意象來自中國古典戲曲。」

1995 年，他為香港話劇團的《黑鹿開口了》編舞，這齣舞台劇，內容跟電影《與狼共舞》相近，講印第安部落團結的故事，由美國導演來港執導，令他印象難忘。「最初我不明白，為何楊世彭選中這部戲，後來我才體會到，團結精神有普世意義，可以持續很久。」隨後，他繼續為「話劇團」的演出，如《新傾城之戀》、《浮士德》、《如夢之夢》等作品編舞。

在即興舞者古名伸老師推薦下，1997 年，他為「果陀劇場」的搖滾音樂劇《吻我吧娜娜》編舞，「此劇改編自莎士比亞的《馴悍記》，結合歌、舞、劇多元表演形式，張雨生作曲，這是他的遺作。」

「跨界合作後，我發現很多可能性。肢體語言，甚至是

|《初華篇》場刊

物體，例如一件衫，隨風擺動，也是舞蹈。」他表示，「話劇團」的演員，也許沒學過跳舞，但可以跳得很好。

多年來，他創作的舞蹈作品甚多，包括《蘇絲黃的美麗新世界》（2001，香港藝術節）、《天鵝湖》（2004，香港芭蕾舞學會），以及在任白慈善基金製作的粵劇《西樓錯夢》（2005）中，編排〈錯夢〉那場舞蹈。

「仙姐（白雪仙）對藝術嚴謹認真，事事追求完美，但給予我很大的創作空間。」此後，他亦參與了《再世紅梅記》（2014）、《蝶影紅梨記》（2017）等製作。

他與香港小交響樂團合作《士兵的故事》（2007），獲2008年香港舞蹈年獎，並於2011年與「不加鎖舞踊館」合作《水舞間》，以及為「非常林奕華」的舞台音樂劇《賈寶玉》當動作設計及導演。

其後，在《寶玉，你好》（2021）中，Yuri 與林奕華繼續合作，他一個人置身於西九文化區自由空間的大盒內，利用錄像及網絡科技，與台灣的演員王宏元，合演一齣獨腳戲。

「任何我從沒做過的事，我都想嘗試。這種好奇心，一直維持到當下。」這就是伍宇烈！

伍宇烈
舞蹈是生命、是開端、是結局、是過渡、是故事

｜「一舖清唱」覓新意

「我欣賞那些完美、精準的舞蹈，但也想追尋不一樣的東西，探索其他藝術表演模式的可能性。」很久以前，Yuri 已想做一個全人聲音樂舞劇，其後，他遇上伍卓賢和趙伯承，以「望夫石」的故事為藍本，合力創作《石堅》（2008），並找來一班年輕人邊演邊唱。那次演出的反應非常好，伍卓賢更奪得 CASH 金帆音樂獎之「最佳正統音樂作品」。後來因為獲得資助，「一舖清唱」才正式成立。

一切從嘗試出發，「我們是無伴奏合唱劇團，藉着人的聲質，以表達真實感覺，不但唱出香港味道，更嘗試配合肢體動作，並擷取粵劇元素，致力追尋新的『玩法』。」

2016 年，他們的團隊，又製作了《香·夭》，「作品的構思靈感來自譚盾《交響曲 1997：天、地、人》中的一節〈香·夭〉。」

2018 年，「一舖清唱」與 CCDC 跨界合作，重新將《香·夭》搬上舞台，融合了當代舞、劇場及合唱音樂等元素，呈現得與失、聚與散，以及新與舊之間的張力。「作品在音樂的編排上需要改動，過往由『一舖清唱』演繹，歌

者要集中演唱，難免在肢體表演上有所局限，這次加入舞蹈，則可令作品內容變得更豐富。」Yuri 還特別與舞者溝通，嘗試了解他們的特質及情緒，再將其轉化融入作品中。

除了編舞，他也擔任佈景和服裝設計，演出時全選用舊衣，特意找出舞蹈團八十至九十年代初演出的服飾。「這不只為了表現復古的情調，而是藉着舊物，呈現時尚華美的年代，追念已消逝的歲月……」他剖析了設計背後的思考。

「一舖清唱」剛於 6 月演出《庵藏不露》，以無伴奏合

| 《香・夭》（2018）劇照（張志偉攝）

伍宇烈
舞蹈是生命、是開端、是結局、是過渡、是故事

唱配上粵劇元素，內容則以經典粵劇《帝女花》中的〈庵遇〉為主線，加上現代瘋狂惹笑的情節，Yuri 擔任藝術及製作顧問。

擁抱夢想《屎撈人》

2021 年，伍宇烈出任 CCDC 藝術總監，2021-2022 舞季以「冬」為主題。這一年，像萬物沉寂的冬天，靜待春天降臨大地。面對疫情蔓延對表演藝術的衝擊，他認為無論香港以至世界，都是過渡期，須靜觀其變。

那年的 11 月中旬，他的跨界舞蹈作品《大鄉下話》，於西九文化區自由空間大盒上演。祖籍台山的 Yuri 邀來劉榮豐和盧宜均合作，混合多種鄉下話的歌詞對白，歌舞之間，尋找語言與身份的關係。

「冬」去「春」來，「夏」又至，2023-2024 舞季以火辣奔放的夏天為題，「熱身嘛」（It's Summer!）已於 5 月啟程，他說：「這個舞季以『旅程』為主軸，通過當代舞，一起探索不同旅程。」

舞季
Dance Season
2023-24

熱身嘛
IT'S SUMMER!

| 上圖：《大鄉下話》（2021）劇照（Eddie Wong 攝）
| 下圖：2023-2024 舞季「熱身嘛」小冊子封面

伍宇烈
舞蹈是生命、是開端、是結局、是過渡、是故事

夏日炎炎，接着的旅程，由 Yuri 領航，CCDC 與春田花花攜手合作，帶領觀眾走進「國際綜藝合家歡 2023」親子舞蹈劇場《屎撈人——愛便便愛》。

謝立文和麥家碧創作的《屎撈人》，陪伴着不少香港人成長，靈感來自童話 *The Snowman*。兩個故事同樣藉着主角的經歷，展現肉身終會被分解，帶來生命無常的訊息。「我早已看過原作，2014 年，曾參與香港小交響樂團《麥兜‧感人至深小聖誕》音樂會，再細讀這個故事，亦深受感動。」身兼編舞及導演的 Yuri 分享他的感受。

「在危機四伏的屎渠中，屎撈人懷着滿腔熱誠，排除萬難……迸發一場沖出大海的奇趣歷險。」他期待這次演出，讓舞團的成員，加上年青的學員，大、中、小學生走在一起，接近四十人，不分年齡背景，各自發揮所長，互相踫撞，分享彼此的經驗，透過共同創作，「舞」出這個屬於香港的故事，觀眾也可從中對照自己的人生旅程。

「設計團隊製作出有趣的動畫、別出心裁的佈景，一張巨型的廁紙展示在舞台上，道具造型可愛，有海鷗、泥鰍……劇中那隻船，本是廁紙筒，插上飲管，繫着廁紙，揚帆出海……」他接着說。

在舞劇中，Yuri 特意選用俄羅斯古典音樂，突顯一種

| 《屎撈人——愛便便愛》海報

伍宇烈
舞蹈是生命、是開端、是結局、是過渡、是故事

遙遠的異國情調，配合劇情的推進，「柴可夫斯基、蕭斯達高維契、拉赫曼尼諾夫、格林卡、浦羅哥菲夫、史特拉汶斯基⋯⋯」他一口氣道出多個熟悉的名字，「這些作曲家，有的離開故土，有的留在家鄉，創作音樂，隨着命運的安排。」

鬼馬獨創跨媒界

身兼藝術總監、編舞家、舞者等多重身份，伍宇烈說：「我要處理行政工作，策劃劇季的節目，訂定舞團未來的發展方向，絕對是個挑戰。」然而，他比較重視創作，談到自己和 CCDC 最大的連結，是創作的空間。

「我能否在這個空間，定義甚麼是香港當代舞蹈？我能否藉着這個契機，建立出舞團的形象，同時將舞者個人的特色展現出來？」在連串的提問下，他接受這個考驗，期望將 CCDC 發展成一個開放平台。

此外，在創作方面，他也鼓勵有潛質的團員編舞，「我希望他們嘗試創作，成功了，繼續下去；失敗了，再嘗

試。當年的曹誠淵，也曾給予我機會。」他指出，合作性十分重要，推動創作，不能單憑個人的力量，整個舞團齊心協力，才能達致目標。

近年，他與年青人合作的機會增多了，也明白溝通的重要，「我要詳細解釋清楚，他們才能進入我的世界，大家一起創作。對方的意見，也能激發我的創意。」Yuri 慨嘆，藝術的世界實在很微妙。

「鬼馬、獨創、跨媒界」，是大多數人對伍宇烈的印象，他自小熟習芭蕾，後來的創作，卻致力跳出傳統芭蕾的框框。在訪談的過程中，他也常常將「好玩」掛在嘴邊，像他這樣的一個資深舞蹈家，遊走於不同的藝術領域，「玩」得不亦樂乎。而在他身上，我卻看到了認真執着、追求完美……

對他來說，舞蹈是生命、是開端、是結局、是過渡、是故事。「編舞、舞者和我都在自己的旅程中漫遊，經歷着成長的起伏輪迴。」2024 年，是「四季」系列的最終回，也是 CCDC 第四十五個舞季，「秋」的主題令人聯想到「秋收」。《說文・禾部》：「秋，禾穀熟也。」莊稼成熟的季節就是秋天。

「秋，對於我來說，不是終結，而是開始，沿途的風

伍宇烈
舞蹈是生命、是開端、是結局、是過渡、是故事

景，仍有待發掘和感受。」伍宇烈充滿信心地說，「昔日的累積，成了今天的啟發。希望到時既有回顧，也有創新吧！」

　　舞，是永不止息的，只要有人，就有舞蹈。信焉！

古建慈山

研築融圓

保育圓融

修蔚

培斌

專訪 何培斌

何培斌，聯合國教科文組織亞洲文物建築保護與管理講座教授、新加坡國立大學設計與工程學院建築系教授。1992-2016 年任教於香港中文大學建築學院，並曾任中大建築學院院長。擁有多年教學經驗，主要研究建築歷史和保育方式，以及如何將知識轉化為教材，並於現實生活中實踐。其研究範圍包括中國建築史、民居建築、古蹟保存等。自2003 年起，在新加坡、中國內地及香港等國家或地區擔任保育顧問、建築師和指導教授。曾受邀擔任多項國際設計比賽和獎項的評審。

聞何培斌教授之名久矣！

　　好幾年前，他曾帶領新亞校友，前往敦煌參觀。那一趟，我後知後覺，錯過了一個大好的學習機會。

　　2019 年，我跑到山西去，隨着林徽音的足跡，看唐代建築。抵太原後，第二天便直奔南禪寺、佛光寺，參觀了中國現存最古的唐代木構建築，一償多年的夙願，然後跑到五台山去，轉了一圈……接着是應縣木塔、懸空寺，還去了雲崗石窟。隨團的導賞員，介紹有關的建築，極為精準詳細，原來，他曾跟隨何培斌帶領的山西導賞團，有機會「偷師」學習。

　　自 1992 年開始，何培斌任教於香港中文大學建築學院，亦曾任建築學院院長，培育了不少建築專才。2017 年，他從中大退下來，為照顧年事已高的母親，他返回新加坡，任教於新加坡國立大學設計與工程學院建築系。

　　這幾年，遊走四方之餘，我迷上建築，一直都想訪問他，然而，卻苦無機會。

　　近日，他回港探望親友，適逢其會，得朋友引薦，大家相約在堅尼地城碰面。

　　在一間雅致的咖啡廳內，我們聊將起來，從他的學生時代談起……

家學淵源，夢想當建築師

何培斌祖籍福建廈門，出生及成長於新加坡，念完中學後，往英國愛丁堡大學修讀建築。他父親何明煌也是建築師，「爺爺早就過身了，父親在 1942 年跟隨叔公何葆仁，往重慶中央大學念建築，師承劉敦楨。返回新加坡後，他也設計了兩三個富有中國特色的建築，例如中正中學、中華總商會，以及光明山普覺禪寺等。」正是家學淵源。

早在三十年代，建築界即有「南劉北梁」之說，南劉指的是劉敦楨，北梁指的是梁思成。劉敦楨是中國建築教育的創始人之一，也是中國建築歷史研究的開拓者。

談及乃父，何培斌也提起了叔公，「他在復旦大學念中文系，作為學生領袖，積極響應五四運動，帶領上海的學生罷課⋯⋯1919 年 6 月，曾獲孫中山先生接見。」何葆仁確是個不可多得的人才，1920 年遠赴美國，在華盛頓大學讀商科，然後又進入伊利諾大學研究政治、經濟，獲碩士、博士學位。1924 年，從美國歸來，任復旦大學教授，成立政治系。一年後，他返回新加坡結婚，曾任新加坡華

僑中學校長，其後進入銀行界工作。

何培斌亦年輕有為，大四時，他設計了一個學生設計項目，「構思非常環保，低碳、利用太陽能⋯⋯」結果獲得了皇家建築師學會學生設計（科技）獎；至大五，他又設計了一個「中國文化中心」。

「我雖然在西方念書，但擁有中國文化的基因，希望在建築中滲入中國文化的元素。有些東西比較普世性，但有些則與文化息息相關，具備中國人特有的情愫。」1984年畢業後，他隨即在愛丁堡當建築師，後來因父親身體欠佳，遂返回新加坡，任職於新加坡建屋發展局。

從小就想成為建築師，然而，夢想成真後，卻發現理想與現實總有一段距離。他慨嘆，「當建築師，沒甚麼樂趣可言，設計的方向，大多是以地產商、業主的意見為依歸，根本無法自由發揮，將自己的理念體現出來，所以我愈做愈悶。」

何培斌
培修保育研古建，斌蔚圓融築慈山

深入探究，建築文化內涵

1987 年，何培斌毅然離職，接受新的挑戰，一頭栽進學術的世界，他前往英國，在倫敦大學的亞非學院修讀建築史，也研習藝術、歷史、人類學和宗教等不同的課題。「再冷門的專題都可以研究，每完成一項研究，就能把自己的知識往前推進一步。」他一直想做的，就是將佛教文化、建築史、藝術史融合一起。

為了撰寫博士論文〈隋唐時期的中國佛教寺院建築：空間概念研究〉（*Chinese Buddhist Monastic Architecture in the Sui and Tang Dynasties: A Study of the Spatial Conception*），他在 1988 年跑到北京去，躲進圖書館找資料，也曾前往敦煌、山西等地考察。說起敦煌，他難掩興奮之情，「我從北京用了六十六小時坐火車到柳園，再坐兩個小時的汽車，穿越浩瀚無垠的沙漠，才到達敦煌。」在這個絲綢之路上的小城，他住在飛天賓館，距離莫高窟，大概二十公里。

「當時，敦煌研究院的院長是段文杰，他的辦公室仍是一間土屋。」那些年的敦煌，跟現時的敦煌，完全不一樣。

「我記得梁思成第一篇論文，寫的就是〈我們所知道的

唐代佛寺與宮殿〉。」何培斌指出，梁思成曾到過佛光寺，卻沒到過南禪寺，也從未到過敦煌，他的研究資料大多來自文字、圖片的記載。

他坦言，「我們不知道的，實在太多了。『會昌滅佛』時，唐武宗下令拆毀了多少佛寺？根據記載，當時全國有五萬多所寺院，現在只剩下兩三間……也許，我將來要寫一篇〈我們不知道的唐代宮殿和寺院〉。」

他的研究方向，就如他所說的，「我不是要看真正的

| 南禪寺是中國現存最古的唐代木構建築

何培斌
培修保育研古建，斌蔚圓融築慈山

寺院建築，而是要看古人如何講述那些寺院，他們曾親自去過，而且撰寫文章，我要看他們如何描寫寺內的壁畫、塑像，甚至法會⋯⋯」例如成都的大慈寺，因有唐玄宗題額，故「不在除毀之例」，是當時成都唯一保存下來的佛寺，也是蜀中規模最大的佛寺，內有一百二十多個院落，而且壁畫甚多。宋范成大《成都古寺名筆記》對大慈寺壁畫作者及內容也多所記載，蘇軾與弟蘇轍曾遊大慈寺，也稱頌其壁畫「精妙冠世」。

「我看寺院的角度，不單是看它的建築，例如斗栱、屋頂、樑柱。我是從人文的角度去看佛寺，所以我閱讀了不少古代文獻，也鑽研了多部佛經。我不執着於寺院建築的外形，而是注重其內在的精神面貌。」頓了一頓，他繼續說下去。

建築是文化的紀錄，也是歷史的沉澱。他認為，建築並非單純的蓋房子，一個時代的建築，反映出當時社會的價值觀、審美觀，具有深厚的文化底蘊。可是，大多數人只關注建築物呈現出來的外在形態，反而忽視了建築內蘊的神髓。

選擇中大，開展不同工作

何培斌取得博士學位後，於 1992 年來到香港，他選擇了中文大學，在建築學院擔任教授，自此，開展了不同的工作，包括教學、研究、考察，以及保育等。

「我喜歡香港，佔盡地利，在這裏做中國建築的研究，比較理想。」他笑着說。

他教授中國建築史、建築設計……除佛教寺院建築外，也開始了村落的研究，多年來，在香港、廣東、福建、台灣等區域，曾考察了六十多間天后廟。村落研究凝聚了不同的學者，其中有人類學家、歷史學家，也有研究建築的學者，大家協力，作比較研究。

談到當年的研究，他笑着說：「研究建築的聚焦於觀察廟宇的外形，『眈天望地』；歷史學家主要看碑記；至於人類學家，則爭取時間與廟祝『傾偈』……而我，除了建築，也喜歡看碑記。每天在睡覺前，大家圍坐在一起，彼此溝通交流，聊個不亦樂乎！」他覺得這種跨學科的研究，非常有意義。在 1993-1994 年間，他與人類學教授合作出版了 *The Goddess of Heaven* 一書，記下研究成果。

何培斌
培修保育研古建，斌蔚圓融築慈山

早在 1992 年，何培斌已開始安排課外活動，帶學生返內地考察，曾到過廣東、廣西、福建、江西、安徽、浙江等地。「每年都安排一團，主要是帶大二的學生，其他感興趣的學生，也可參與。」學生每次都要做作業，觀察生活與空間之間的關係。

　　這些活動備受歡迎，學生都喜歡跟隨他去考察，通常有六十多人，有時甚至多達百人。有一次在江西，八十多個人，住在村內三天，視察村民建屋的情況。他仍記得，

| 何培斌曾考察了六十多間天后廟

最後一日，村民搞慶祝會，「他們遞上『土炮』，先用筷子餵客人吃肥豬肉，然後才飲酒。我們不敢吃豬肉，但一喝酒，就心知不妙——如果醉倒，就走不回去。有個女學生，平時不大懂得說普通話，但飲醉之後，卻不停講普通話，實在好有趣！還有一次，在梅縣，大家一齊放煙花和炮竹，香港學生從未玩過，所以大家都好開心……」回想當年的活動趣事，他邊說邊笑，細細道來。

此外，一位任教於普林斯頓大學的朋友，安排一個夏季課程，八個教授，帶着十二個博士生，在西藏遊走了六個星期，參觀了多間寺廟，「在每間寺院內，我負責講解建築，也有其他教授談壁畫、講述宗教儀式，以至社會、歷史……好全面！」他們坐在吉普車上，攀山越嶺，走訪不同的廟宇，晚上則睡在寺外的營地內，有人負責紮營，也有廚師同行，負責煮食，在每間寺廟大概逗留兩三天。

除了考察活動，何培斌在歷史建築保育方面，也投入了不少精神和時間。「從 2003 年開始，我已做了十多廿年。保育的範圍比較廣，可以做多方面的研究工作。例如歷史研究，或作實際的視察，看看哪些地方需要修補，以及研究修補的方法。」

近年，他參與不少政府的活化歷史建築計劃。「在新界

何培斌
培修保育研古建，斌蔚圖融築慈山

的，如舊大埔警署、綠匯學苑、元朗新田大夫第；在市區的，如 PMQ（元創方）、中環街市、灣仔藍屋、油街文化中心，還有芝加哥大學香港校園、虎豹別墅等。大大小小的計劃，接近一百個之多。」他一口氣道出多個項目，如數家珍。

此外，他也身兼多職，參與不同委員會的顧問工作，例如擔任古物諮詢委員會、城市規劃委員會顧問，以及衛奕信基金會主席等。

建慈山寺，傳統現代兼容

在中大校園，向大埔遠眺，可遙望到一座巨大的白衣觀音。這尊七十六米高的觀音，坐落於大埔慈山寺，屹立山中，俯視蒼生，指拈智慧寶珠，手持淨瓶。

何培斌是慈山寺的建築設計及造像總顧問，這個項目則由李嘉誠先生委託建造，歷時十二年始完成。

低調的教授和城中的富豪，卻因一座寺廟而結緣，何培斌也感到非常奇妙。「我的博士論文研究隋唐佛教建築，

何 培 斌
培修保育研古建，斌蔚圓融築慈山

| 巨大的白衣觀音，坐落於大埔慈山寺，坐北向南，背靠八仙嶺。

一直覺得研究歸研究，完全沒想過，有機會營建一座唐代風格的建築，很難得！」藉着佛寺，他可將積累多年，對中國建築、佛學與敦煌學研究的功力，融為一體，呈現於世人眼前。

慈山寺的設計和佈局，取法唐、宋、遼、金歷代的寺院建築。何培斌指出，天台宗是中國最早成立的佛教宗派，圓融是天台宗的大義，「設計慈山寺背後的理念，就是『圓融無礙』，將不同的元素建構成一個完美和諧的建築群。」

慈山寺依平面佈局，可分為三區，主建築位於中區，為佛殿區，東區有觀音像，西區為僧寮。源自山門的中軸引領訪客，步進寺院的核心，層層深入；而東側之軸線，則從山上經觀音像斜下，兩軸在三門附近的庭院匯合。

「慈山寺絕非一座百分百仿唐的佛教寺院。」何培斌斬釘截鐵地說，「建造一個仿唐建築不難，但建構一個融合傳統與現代的建築，卻絕不容易。」在傳統與現代兩者之間，如何取得平衡而又不失「唐風」，是一大挑戰。

最後，他們選取了不純用「木結構」的方案，利用實木包裹鋼鐵結構，「柱子為鋼造，柱身包以深褐色非洲紫檀木，柱座則包以石。簡單來說，外面傳統，裏面現代⋯⋯」

何培斌
培修保育研古建，斌蔚圓融築慈山

| 慈山寺入口

由於寺院的建築是鋼結構，可以省去中國傳統的「斗栱」支撐，屋脊則參照唐朝的鴟吻式樣。

「晚上，光線從屋簷滲出來時，屋頂就像浮在殿上。」也許，大多數人沒機會在夜間進入寺內，只能憑着想像，遙想那幽玄之美。

慈山寺的建築群有三個主色調，包括紫檀木的啡色、屋頂瓦片的銀灰色，以及山嶺園林的翠綠色，牆壁與地面則以素色及白色為主，整體設計簡樸而古雅。

參拜之路，始於山門，簷下左右，各有金剛力士並列，面向南方，「力士的造型，參照日本奈良東大寺南大門著名的金剛力士像塑造。」山門也作三門，跨進三門，就意味着告別大千世界，放下塵世的種種煩惱，開始一段清淨之旅。

穿過山門，眼前的庭院，名曰「歡喜地」，置身其中，四周建築一覽無遺。在通往彌勒殿的石階之下，有半月形蓮花池，清靜莊嚴。

彌勒殿亦稱天王殿，為中軸的第二重殿堂，以南禪寺的大殿為範本，殿內空間寬敞、渾然一體。「殿內正中，供奉彌勒菩薩，體態清秀，屬隋唐時期流行的造像風格。四大天王分列兩側，與彌勒背向而立的，則是身穿盔甲、手

山門簷下的金剛力士，左右各一，形象威武，是寺院的守護神。

| 彌勒菩薩

何培斌
培修保育研古建，斌蔚圓融築慈山

| 上圖：氣勢宏偉的大雄寶殿
| 下圖：大雄寶殿內供奉三世佛，中間釋迦牟尼佛、東方藥師佛（右）及西方阿彌
　　　陀佛（左）。

持寶杵的韋馱，面向大雄寶殿。六尊塑像全屬彩繪樟木雕塑，採用啞色，與寺院樸素的精神相契合。」彌勒殿的右側為鐘樓，其下為地藏殿，左側有鼓樓和藏經閣。

經過開闊的大庭院，氣勢宏偉的大雄寶殿在望，其建築整體形態，以佛光寺東大殿為藍本，按比例擴放三成，同時亦參考奈良唐招提寺金堂之比例，再現唐代建築的風采。

「殿內有三尊佛像，釋迦牟尼佛、阿彌陀佛與藥師佛巍然趺坐，寶相莊嚴，頭頂的華蓋，雕工細膩，閃閃生光，跟黑色的天花形成強烈的對比。」殿堂東西兩側，列有青銅鑄造的十八羅漢。佛座後屏障處的經變圖，以現代科技複製，取材於敦煌莫高窟壁畫——榆林第二十五窟北壁的《彌勒經變》和第三窟西壁的《文殊經變》、《普賢經變》，是敦煌壁畫的代表作。殿旁別有廊道，可通至位於寺院另一軸線上的觀音像。

大雄寶殿東側旁的普門，即觀音殿，殿內供奉如意輪觀音，殿前是圓形的洛伽池。池壁高約半米，池分內外兩池，作同心圓狀，池水由內池湧出，向外池流動，復經外池溝槽匯入地下，再經內池中心湧出，池內活水生生不息，循環不已……充滿禪意。

何培斌
培修保育研古建，斌蔚圓融築慈山

| 洛伽池外是迴廊

「寺內亦設有迴廊，設計以奈良法隆寺為藍本，並參照青海樂都瞿曇寺。大雄寶殿和彌勒殿兩個主要院落，以迴廊相通，連接寺內的鐘鼓樓，形成了一個串連圍合的連續空間……」說起慈山寺，何培斌侃侃而談。

「此有故彼有，此生故彼生」，一切事物皆由因緣而生。慈山寺的建成，亦可作如是觀。

建築藝術，說不盡的故事

眼前的教授，架着別緻的眼鏡，目光穿過鏡片，漾着笑意，毫無架子，說起話來，風趣幽默、直接了當。

如果說「建築是空間中凝固的音樂」，跟他談起建築來，也有點繚繞不絕的況味。

無論是個人的學習旅程，還是考察活動的點滴，他娓娓道來，分外親切動人；尤其是談及慈山寺的建築設計，更教人心馳神往。

時間溜得飛快，轉眼間，我們已談了接近兩個小時。我不像訪問，倒像跟一位平易近人的老師聊天，輕鬆而自在。

何培斌
培修保育研古建，斌蔚圓融築慈山

跟何培斌道別後，我已開始期待，下次再見時，可以再聽他談建築、論藝術、講故事……說不準，有一天，還能跟隨他帶領的參觀團，到處遊歷，探索不同時代、不同地域的歷史與建築文化。

後記

從字旅，憶相逢

出本無心歸亦好！

十年前的今天，自教育工作的崗位退下來，走向充滿未知的前方，懷着盼望，享受沿途的風景。

料不到，除了散文，我竟執筆寫起人物專訪來，歲月的印記，在訪談的文字中活起來。

每個人都不一樣，總有各自的人生經驗、體會和感受……憑藉專訪，我希望能夠從不同的層面，走進他們的世界，記錄他們的足跡。

透過「字旅相逢」系列，書寫他們的故事，也開啟自己的一扇窗。

多年來，遊走於不同的文化領域，文學、藝術、電影、戲劇、舞蹈、音樂、粵劇……還跨進不同的界別，醫學、天文學、地質學、建築……遇上不同的人，也認識了不少朋友。

驀然回首，那是一道流麗的人文風景！

從「相逢」、「再相逢」、「樂相逢」，一路走來，如今，竟走到「憶相逢」，真有點像做夢。

《字旅憶相逢》一書，收錄了十二篇人物專訪，其中包括醫生、演員、填詞人、設計師、古琴家，也有建築師、地質學家和天文台台長等。

書中訪談的人物，各具堅毅不屈的個性，也擁有探索和創新的能力，感謝他們，讓我認識到人性的尊嚴、生命的可愛。

在人生的旅途中，能遇上每一位受訪者，有緣相聚，彼此交流溝通，夫復何求？

感謝文化界前輩羅卡先生賜序，也感謝師兄葉榮枝先生題字。

書中珍貴的照片，多為受訪者慷慨分享，另有部分照片，獲不同的朋友、機構借出，於此衷心致謝。

感謝所有為這本書費心盡力的朋友，也感謝每一位仍然願意閱讀的你。

世界很大，一切尚待探尋、求索，但願我的文字之旅，可以繼續開展下去。

珍今

甲辰年春分

附
錄

各篇發表日期

圖片鳴謝

書中部分圖片由以下機構 /

人士提供，謹此致謝！

區聞海 ｜ 頁 1, 5, 6, 8, 17, 18, 19

岑智明 ｜ 頁 25, 27, 29, 30, 33, 35, 37, 42

謝君豪 ｜ 頁 45, 49, 50, 55, 56, 59, 64

王菀之 ｜ 頁 69, 72, 75, 77, 78, 80, 82, 85, 87, 88, 90

陳龍生 ｜ 頁 93, 97, 103, 104, 111, 113, 115, 116, 118, 119

岑偉宗 ｜ 頁 124, 143

潘燦良 ｜ 頁 147, 151, 152, 154, 157, 160, 162, 164

劉小康 ｜ 頁 169, 174, 175, 177, 179, 180, 182, 184, 186, 187, 189

劉成漢 ｜ 頁 202, 206

馮永基 ｜ 頁 218, 222, 224, 226, 227, 229, 230, 233, 235, 236-
237, 240-241, 242-243, 244-245

伍宇烈 ｜ 頁 254, 255, 263

何培斌 ｜ 頁 275

張偉成 ｜ 頁 280

蘇偉栒 ｜ 頁 283

譚建平 ｜ 頁 286-287, 291, 293, 295

陳建華 ｜ 頁 289, 292

灼見名家 ｜ 頁 23, 121, 133, 145, 166, 195, 205, 209, 215, 248, 251

西九文化區、香港話劇團 ｜ 頁 134, 135

城市當代舞蹈團 ｜ 頁 259, 260, 266, 268, 270

封面題字　葉榮枝

責任編輯　張軒誦

書籍設計　吳丹娜

書籍排版　陳先英

書　　名　字旅憶相逢——香港文化人專訪

著　　者　馮珍今

出　　版　三聯書店（香港）有限公司

　　　　　香港北角英皇道四九九號北角工業大廈二十樓

香港發行　香港聯合書刊物流有限公司

　　　　　香港新界荃灣德士古道二二〇至二四八號十六樓

印　　刷　寶華數碼印刷有限公司

　　　　　香港柴灣吉勝街四十五號四樓A室

版　　次　二〇二四年六月香港第一版第一次印刷

規　　格　特十六開（150 mm × 220 mm）三一二面

國際書號　ISBN 978-962-04-5426-4